डॉ. हरीश यादव

हेमचन्द्र

ISBN 979-888546478-9

क्रम-सूची

प्रस्तावना

लॉस मारिया

बॉलीवुड अभिनेत्री व संयुक्त संघ की कार्यकर्ता

भारतीय उप महा द्वीप की संस्कृति की अपनी एक अलग पहचान हैं | मैं भारत और उसकी लोक संस्कृति व धर्म के प्रति बहुत ज्यादा जिज्ञासु थी और इसके बारे में जानना चाहती थीं | मैं हरीश से काठमांडू (नेपाल) में पहली बार मिली और इनसे इतनी ज्यादा प्रभावित हुई कि पुनः इनसे मिलने भारत आ गयी |

हरीश भारतीय संस्कृति के जीते-जागते विश्व कोष हैं | इनका जीवन कला, संगीत, धर्म और दर्शन से आच्छादित है | मैंने इनसे बहुत कम समय में भारत की संस्कृति के बारे में जान लिया और धर्म से सम्बंधित कई भ्रान्तिया इन्होने दूर की |

इनके साथ बिताया समय मेरा सबसे अच्छा समय रहा | यह सरल व खुशमिजाज प्रकृति के व्यक्तित्व हैं | जिनसे मिल कर किसीको भी अच्छा लगता है | प्रेम, दया और परोपकार, के उद्दात गुणों से युक्त विश्व कल्याण की भावना से ओत-प्रोत हैं | केवल भारत ही नहीं विश्व के विभिन्न देशों में लोग इन्हें सम्मान देते हैं | यह केवल भारत की ही नहीं हमारे इस संसार के ज्योति पुंज हैं | जिनसे सत्य व आनंद अपने स्वरुप को पाता है | अपने देश में जिस प्रकार यह लोगों की सहायता कर रहे हैं | वो वास्तव में सराहनीय कार्य है | उससे भी बढ़कर यह विश्व भावना के तहत पूरे विश्व को अपना परिवार मानते है |

लॉस मारिया

(संयुक्त राज्य अमेरिका)

आमुख

दो शब्द अथाह भाव

कुछ विषय और व्यक्तित्व इतने गहरे और विराट होते हैं कि समझ में नहीं आता कि कहाँ से आरम्भ करें और क्या वर्णन करें | ऐसे ही व्यक्तित्व हैं डॉ. हरीश यादव, जिनका व्यक्तित्व इतना विराट हैं शब्द भी छोटे पड़ जाते हैं | अपने नामे के अनुरूप 'हरि' तो संपूर्ण सृष्टि हैं, अनंत हैं तो उनके बारे में कुछ भी कहा जाए, वो सीमा से परे हैं |

हरीश समय और सीमा से परे हैं, साहित्य, प्रेम, दया, सहयोग, कला, धर्म, और उपलब्धियों का अनंत सागर हैं, जो आज के समय की महान विभूति हैं, जिनकी कीर्ति कोटि सूर्य की भाँती है |

अपने जीवन में एक पत्रकार व प्रोफेसर रहते हुए, मैंने हरीश को बहुत नजदीक से देखा व समझा | एक मित्र की भांति इनकी मित्रता से मैं धन्य हुआ तो एक पथ प्रदर्शक के रूप में इन्होने मुझे नयी राह भी दिखाई | जिस प्रकार विविध पुष्पों के पराग से मधु का निर्माण होता है | वैसे ही विविध गुणों व मूल्यों से महान व्यक्तित्व बनते हैं | जिनका जीवन स्वयं में एक महाकाव्य होता है |

देवभूमि उत्तराखंड में इनका प्रारंभिक जीवन बीता, प्राकृतिक सुषमा व सौंदर्य की छठा इनके प्रारंभिक साहित्य में भी देखने को मिलती है | पहाड़ों की आर्थिकी पर इन्होने काफी कार्य किया और प्राकृतिक संसाधनों का संरक्षण इनकी मुख्य प्राथमिकता रही |

देवतुल्य मेरे मित्र हरीश वास्तव में देव संस्कृति को जी रहे हैं | विभिन्न उपलब्धियों व गुणों के बाद भी सहज व सरल हैं | इनका प्रसन्नचित व्यक्तित्व आकर्षण का केंद्र है, जो भी इनसे मिलता है, वो इनसे प्रभावित हो जाता है |

असहाय, निर्धन, व जरूरत मंदों की मदद व सेवा के लिए सदैव तत्पर रहते हैं | यह इनका शिवत्व है, जिसमें यह सम्पूर्ण मानवों को एक चित देखते हुए विश्व मानव की बात कहते हैं | अपने कार्यक्षेत्र में ना जाने कितने लोगों का इन्होने उद्धार किया किन्तु कभी भी अहंकार नहीं किया |

एक महा योगी की भाँती द्वंदों में सम रहते हैं | भौतिक सम्पदा इन्होने विचलित नहीं कर सकती है | स्वयं इनका जीवन एक सन्देश हैं |

दुनिया को नए सिद्धांत व सुझाव दिए | इनके विचारों को अनेक अंतर्राष्ट्रीय संस्थाओं ने अपनाया है | किस प्रकार सम्पूर्ण पृथ्वी और संसार संतुलित हो सके यह इनके अन्वेषण का आधार हैं |

हरीश ज्ञान, अध्यात्म, कला व आधुनिकता का संगम है | विविध भाषाओं में धारा प्रवाह बोल सकते हैं | कोई भी विषय हो उस पर मूल ज्ञान तक बता सकते हैं | जब यह किसी सभा, या सम्मलेन में बोलते हैं, तो लोग मन्त्र मुग्ध हो कर इन्हें सुनते हैं | विदेशों के लोग भी इन्हें सुनाने को आतुर रहते हैं | विविध विषयों पर इनके विडियो सुने जाते हैं | यह स्वयं में एक

संस्कृति हैं | इनका जीवन स्वयं सन्देश है, जो सृजन करता है |

यह आशा, उत्साह व प्रेम के प्रतिमूर्ति हैं | ऐसा कोई गुण नहीं, जो इनमें व्याप्त ना हो सत्य इनके विचारों की मूल अवधारणा है | इनके विचार विश्व को आलोकित करतें हैं तथा लोगों का मार्गदर्शन करते हैं | किस प्रकार एक कण स्वर्ण में परिवर्तित हो जाता है, यह विधा इन्हें आती है |

हरीश युवाओं के आइकन व इनकी आवाज हैं | संसार के युवा इन्हें अपना आदर्श मानते हैं | स्वयं मैंने अपने कालेज के समय में इनके नेतृत्व कौशल को देखा था |

समाज को प्रेम, सदभाव व प्रगति का सन्देश देते हैं तथा बुराई से लड़ने का उत्साह प्रदान करते हैं | सज्जनो की रक्षा व दुर्जनों का प्रतिकार इन्होने किया है | हरीश पर लिखने को बहुत है, जैसे हरि अनंत हैं, वैसे ही इनकी गाथा भी असीमित है | जो समय के साथ साथ नए रूप में आ जाती है | प्रस्तुत किताब बहुत संक्षिप्त रूप में हरीश के बारे में बताती है | इनके जीवन के कुछ मुख्य पलों को व्यक्त करती है ताकि प्रमुख प्रसंगों को जाना जा सके |

आशा है इस पुस्तक के माध्यम से मैं अपने उद्देश्य को पूरा कर सकूंगा |

प्रो. हेमचंद्र रियाल

- 26.04.2021 हनुमान जयंती

हरीश यादव अपने प्रगतिशील विचारों से जीवन के प्रत्येक क्षेत्र में पहचान रखते हैं। इन्होंने एम.ए. डी. फिल. की उपाधि प्राप्त की। इन्हें डी. लिट्. की उपाधि दी गई। सबसे कम उम्र में सर्वाधिक महत्वपूर्ण पदों पर कार्य करने का विश्व रिकार्ड इनके नाम दर्ज हैं। इन्हें अनेकों अवार्ड प्राप्त हुये, जिसमें विश्व स्तर का ग्लोबल लीडरशिप अवार्ड भी है। अंतर्राष्ट्रीय रिवर फाउंडेशन ने इनके नदी आंदोलन को सराहा तथा यूनेस्कों ने युवा सशक्तिकरण पर इनके 'विक्टरी मॉडल' को मान्यता दी।

विश्व बैंक ने अपने मुख्यालय पर इन्हें आमंत्रित किया तथा ब्रिटेन के रॉयल कामनवेल्थ कार्यक्रम में इन्होंने निर्णायक की भूमिका अदा की।

विभिन्न भाषाओं में साहित्य सृजन करते हैं। अनेकों ग्रंथ प्रकाशित हो चुके हैं। कला, साहित्य व दर्शन से विशेष लगाव है। नित्यजीवन में शाश्वत मूल्यों के पक्षधर हैं। भारत सरकार की केंद्रीय सिविल सेवा में वरिष्ठ अधिकारी हैं तथा समाज व राष्ट्र के लिए अपना पूर्ण योगदान देते आ रहे हैं। उद्यमिता व लघु उद्योगों के साथ-साथ ग्रामीण विकास पर विशिष्ट कार्य कर रहे हैं।

हरीश समाज को प्रेम, सदभाव व प्रगति का सन्देश देते हैं तथा बुराई से लड़ने का उत्साह प्रदान करते हैं | यह इनका शिवत्व है, जिसमें यह सम्पूर्ण मानवों को एक चित देखते हुए विश्व मानव की बात कहते हैं ---

मौसम के मोहताज इरादों से सांसे नहीं चलती

बुलंद इरादों से हरेक मौसम बदलना पड़ता है।---

डॉ हरीश यादव

1

प्रारंभिक जीवन व शिक्षा

भारत के हिमालयी क्षेत्र के राज्य उत्तराखंड के देहरादून जिले में वीरभद्र नामक स्थान पर हरीश का जन्म 1 सितम्बर, 1980 को हुआ था।

वीरभद्र नगर प्राकृतिक सौन्दर्य से सम्पन्न आधुनिक सुविधाओं से युक्त था, इस स्थल पर सार्वजनिक क्षेत्र का उपक्रम आईडीपीएल है, जिसकी टाउनशिप अद्वितीय है। वीरभद्र एक पौराणिक नगर है, जिनके पूर्व में गंगा नदी प्रवाहमान है, तथा इससे लगती हुई शिवालिक श्रेणी है। हरीश के पिता श्री अजयपाल सिंह इसी औषधि संस्थान में पूर्व अधिकारी रहे। माता श्रीमती पुष्पा देवी बेहद सरल व सीधे स्वभाव की गृहणी हैं। पिताजी अजय पाल सिंह सदाचारी, कर्मनिष्ठ, मिलनसार व सिद्धांत के पक्के सामाजिक व्यक्ति है, जो हमेशा लोगों की मदद के लिए आगे रहे हैं। इन्हें विविध विषयों का व्यवहारिक ज्ञान है।

इनका पैतृक गांव उत्तर प्रदेश के सम्भल जिले की गन्नौर तहसील में न्यौरा है। न्यौरा एक ग्राम कुल है, जिससे 9 गांवों का विकास हुआ। इनके दादा श्री शिवनारायण सिंह अपने समय के बेहद लोकप्रिय व्यक्ति थे। इन्हीं के पूर्वजों में श्री जयसिंह जैसे महावीर हुए, जिन्होंने सन् 1857 के स्वतंत्रता आंदोलन में एक बड़ी लड़ाई लड़ी व युद्दों का नेतृत्व किया। क्षेत्र के लोगों ने इनके नेतृत्व में तात्कालीन अंग्रेजी सत्ता के सामंतों से लड़ाई लड़ी 10 मई, 1857 में हुए धनारी के युद्ध में इनके पूर्वजों ने अंग्रेजी सत्ता से युद्ध किया तथा विजयी हुए। विजय स्वरूप साल के तख्त को न्यौरा की बड़ी चौपाल पर रखा गया, जो वर्षों तक वीरता का गौरव बखान करता रहा।

मास्टर राजपाल सिंह हरीश के ताऊजी थे। जो बहुत ही सदाचारी, दयावान व उच्च चरित्र व्यक्ति थे। पेशे से अध्यापक होते हुए, उन्होंने ग्रामीण क्षेत्रों में शिक्षा के लिए लोगों को प्रेरित किया। वह उदात व बड़े विचारों वाले थे। उनका क्षेत्र में बहुत सम्मान था। गरीब व कमजोर लोगों की उन्होंने सदा मदद की थी। वह हरीश को हमेशा लोकहित के लिए कार्य करने के लिए कहते थे और बहुत प्रेम करते थे। 'हिरौनी' नामक स्थल से इनके ग्राम कुल का प्रसार हुआ था। गंगा खादर में बसा यह क्षेत्र भीषण संघर्षों का गवाह रहा है।

हरीश के जीवन पर इनके पिता के संघर्षों का प्रभाव पड़ा, जिन्होंने अपने बचपन में अत्यंत कठिनाइयों से लोहा लिया। इनका गांव ऐसे क्षेत्र में शा, जहां काफी समय तक सड़कें, बिजली, शिक्षा व स्वास्थ्य आदि का कोई नामो निशान नहीं था। बरसात के समय गंगा सहित अनेकों छोटी सरिताएं भी उफान में आ जाती थी। समाज बेहद रुढ़िवादी व परंपरागत था। शिक्षा के लिए इनके पिता को भीषण संघर्ष करना पड़ा। शिक्षा के प्रति इनके परिवार के लगाव की चर्चा पूरे क्षेत्र में हुआ करती हैं। सत्य व न्याय के लिए दृढ़ रहने के कारण इनके परिवार का प्राचीन समय से ही नाम रहा है। अजय पाल सिंह तीन भाइयों में सबसे छोटे हैं। सुविधाओं का अभाव, धन की कमी व लोगों के असहयोग के बावजूद भी इन्होंने जीत हासिल की। विज्ञान व प्रबंधन में उच्च शिक्षा प्राप्त करके अन्ततः भारत सरकार के सार्वजनिक प्रतिष्ठान आईडीपीएल में नौकरी प्राप्त की तथा गांव वालों के समक्ष एक मिसाल पेश की है। सम्प्रति ऋषिकेश के समीप श्यामपुर में सामाजिक कार्य कर रहे हैं।

हरीश के एक बड़े भाई व एक छोटी बहिन है। बड़े भाई प्रवीण कुमार, वाणिज्य व प्रबंधन में स्नातकोत्तर हैं तथा बहुराष्ट्रीय कंपनी में उपमहाप्रबंधक (वित्त) हैं बड़ी बहिन मनीषा सिंह छोटी बहिन है, जो कम्प्यूटर विज्ञान में स्नातकोत्तर है तथा संयुक्त राज्य अमेरिका में तकनीकी सलाहकार हैं। इनकी बहिन को 1997 में भारत सरकार का राष्ट्रीय पुरस्कार भी प्राप्त हो चुका है।

तीन भाई-बहिन अपने-अपने क्षेत्र में निपुण रहें। तीनों में बचपन से ही अत्यंत प्रेम रहा है तथा एक दूसरे से बहुत कुछ सीखा है। जब बच्चों को ही आपस में एक-दूसरे से प्रेरणा मिले इससे ज्यादा और क्या अच्छा हो सकता है।

ऋषिकेश के लोग इन्हें देखकर बहुत प्रसन्न हो जाते थे।

बचपन से ही हरीश पर पिता के संघर्षों का प्रभाव पड़ा। पिता के संघर्षों की कहानी, सत्यपालन कर्तव्य व निष्ठा हमेशा मागदर्शन करती रही हैं। इनके पिता कर्म के सिद्धांत के अनुयायी हैं। ढ़ोंग-पाखंड व कर्म काण्डों के बजाय यह अच्छे कर्मों को करने पर बल देते हैं। इसे ही सच्ची ईश्वर भक्ति मानते हैं।

वीरभद्र, ऋषिकेश में आई.डी.वी.एल टाउनशिप में हरीश का पालन-पोषण होने लगा। यह टाउनशिप या नगरी अत्यंत रमणीक है और स्वर्ग की भांति है। हिमालय की श्रेणियों से घिरी, गंगा के किनारे बसी हुई है। वन-उपवन व घास के मैदानों से सम्पन्न है। रूस के सहयोग से यहां स्थापित एण्टीबॉयटिक औषधि संस्थान एशिया का सबसे बड़ा उपक्रम था। जहां करीब पांच हजार से ज्यादा लोग कार्य करते थे। प्राकृतिक परिवेश से यहां उस समय की आधुनिक सुविधाएं मौजूद थीं बचपन से ही हरीश के विलक्षण गुणों की कीर्ति आस-पास के क्षेत्रों में फैलने लगी। मनोहारी, आकर्षक रूप सबको अपना बना लेता था। बचपन से ही इनके बहुत मित्र हुआ करते थे।

आईडीपीएल कालोनी में सभी बच्चे मिल कर खेला करते थे। पूत के पैर पालने में ही दिख जाते हैं यह उक्ति सत्य होने लगी।

इनके घर के आगे विशाल खेल का मैदान था और स्कूल भी बेहद ही समीप था। 'हरि' शब्द अपने आप में ही महाव्यापक है कि पूरी सृष्टि इसमें समा जाए फिर हरीश तो सृष्टि के नायक ही हुए।

कालोनी में ही स्थित ब्रमलेह टावर में पढ़कर घर के समीप केंद्रीय विद्यालय में कक्षा तीन में प्रवेश लिया और यहां से हाईस्कूल की परीक्षा उत्तीर्ण की। एक मेधावी छात्र के रूप में सभी शिक्षक व विद्यार्थी इन्हें पसंद करने लगे। बहुत कम उम्र में ही बड़े-बड़े कारनामें इन्होंने कर डाले थे। इनका स्कूल आईडीपीएल से आर्थिक सहायता प्राप्त करता था। सन् 1991 के आर्थिक संकट व इसके पश्चात उदारीकरण के कारण घाटे में चल रहे उपक्रमों की समीक्षा की जाने लगी। आईडीपीएल घाटे में चली गयी और इस पर आर्थिक संकट आ गया, जिसका असर यहां कि कर्मचारियों पर भी पड़ने लगा।

यहां एक वाकया इस प्रकार है कि केंद्रीय विद्यालय को प्लाण्ट की ओर से आर्थिक मदद न मिल पाने से इस स्कूल के बंद होने के आसार उत्पन्न होने लगा। जिससे सभी अभिभावक व बच्चे परेशान थे। स्कूल में भी बच्चे स्कूल बंद होने की बात करते रहते थे। फैक्ट्री प्रबंधक ने स्कूल को बंद करने का विचार कर लिया था। इस बात का हरीश के मन पर प्रभाव पड़ा और तब उस छोटी उम्र के एक नये नायक का लोगों ने दीदार किया। तब छोटी सी उम्र के बालक हरीश ने स्कूल को बचाने हेतु प्रयास करने की मन में ठानी। हरीश ने अपने मित्रों के साथ अपनी बात पहुंचायी। इनकी बात स्थानीय अखबारों में भी प्रकाशित हुयी। यह खबर भी पूरे देश में फैल गई कि एक बच्चा अपने विद्यालय को बचाने के लिये प्रयास कर रहा है। हरीश के शिक्षकों ने इन प्रयासों की सराहना की। फलतः उसके प्रयास सफल हुये और स्कूल बंद करने का निर्णय वापिस हो गया। यह बात सन् 1989 की है।

हरीश जब कक्षा तीन में थे, तब की बात है। स्कूल के प्रधानाचार्य ने प्रार्थना सभा में सभी को सम्बोधित करते हुये कहा कि बच्चों ! आज मैं अपने छात्रों की प्रतिभा को जानना चाहता हूं। मैं आज आप सभी को एक शब्द दूंगा, जिस पर सभी बच्चे एक कविता लिखकर आज ही अपने कक्षा अध्यापकों को जमा करेंगे और फिर उसमें से सर्वश्रेष्ठ कविता का चयन होगा। वह शब्द है (पेड़)। सभी बच्चों ने अपनी-अपनी कक्षाओं में कविता लिखनी शुरु कर दी। हरीश के मन में काव्य उमड़ने लगा और देखते ही देखते उसने (पेड़) पर कविता लिख दी। मात्र आठ वर्ष की उम्र में ही हरीश ने पहली कविता लिख दी थी। सभी कविताओं में से कुछ कविताओं का चयन हुआ, जिसमें से हरीश की कविता सर्वश्रेष्ठ थी। प्रधानाचार्य ने असेम्बली में हरीश को मंच पर बुलाया, उसे शाबाशी दी तथा अपनी कविता पढ़ने को कहा। सभी ने हरीश की कविताओं की प्रशंसा की। उनके पिताजी को जब खबर लगी तो वह बेहद प्रसन्न हुये तथा अपनी निजी डायरी में हरीश से वो कविता लिखवाई।

बचपन से ही हरीश को शास्त्रों, संगीत व ललित कलाओं आदि में रूचि रहीं। बाल मन अन्वेषण से भी प्रेरित रहा। मात्र आठ व नौ वर्ष की उम्र में ही इन्होंने कुछ गूढ़ शास्त्रीय रचनाओं को रचा जो कमाल की थी। बचपन में ही गीता आदि शास्त्रीय ग्रंथ इन्हें कण्ठस्थ

थे। कम उम्र में ही उच्च कक्षाओं की पुस्तकें इन्होंने पढ़ ली थी। बहुत कम उम्र में दोहा, रोला, सवैया त संस्कृत आदि के श्लोक यह रच लेते थे। कक्षा आठ में जब इनकी उम्र मात्र 10 वर्ष की थी तभी इन्होंने एक पूरा काव्य संग्रह रच लिया था, जिसमें विविध रसों से पूर्ण प्रकृतिवादी व धार्मिक रचनायें थी, इसका नाम मधु संगम था। इनकी कविताओं को लोग बड़े चाव से सुनते थे। इनके पूरे परिवार पर ही मां सरस्वती का वरद हस्त है। पिता श्री अजय पाल सिंह को व्यवहारिक ज्ञान है। बहिन श्रीमती मनीषा सिंह पूरे विश्व को अपनी प्रतिभा के सूर्य से आलोकित कर रही है।

बचपन में इन्होंने शास्त्रीय संस्कृत की शिक्षा ऋषिकेश में रहने वाले स्वामी श्री चन्द्रशेखरानन्द जी से प्राप्त की। स्वामी जी संस्कृत के प्रति पूरी तरह निष्ठावान थे। उनका उद्देश्य संस्कृत को जीवित रखना व प्रसार करना था। जब बच्चे संस्कृत की परीक्षाओं में अच्छे अंक प्राप्त करते थे तब वह बहुत खुश होते थे। हरीश स्वामी जी के परम प्रिय शिष्य थे। वैदिक दिव्यता को स्वामी जी इनके भीतर देखते थे। पहली मुलाकात में ही स्वामी जी ने हरीश के भीतर असीम प्रतिभा को पहचान लिया था। हरीश ने बहुत छोटी उम्र में ही संस्कृत के श्लोकों की रचना करके जब स्वामी जी को सुनाई, तो वह अत्यंत प्रफुल्लित हो गए। तथा पुरस्कार प्रदान किया।

बचपन से ही हरीश में संगठन व नेतृत्व के अद्भुत गुण थे वह बच्चों को शीघ्र ही अपने साथ जोड़ लेते थे और प्रभावित कर लेते थे। संगठन क्षमता, समन्वय व चुनौतियों को परास्त करने की अद्भुत शक्ति थी। बचपन से ही इनके मित्रों की बहुत ज्यादा संख्या थी।

वर्ष 1993 में संयुक्त उत्तर प्रदेश में कई राजनीतिक परिवर्तन आ रहे थे जिनका प्रभाव इनके मन पर पड़ रहा था। कुछ करने की ललक व परिवर्तन की चाह इनके विचारों में थी। वर्ष 1993 में हरीश ने अपने मित्रों के साथ एक दल बनाया था। इस बाल दल का नाम रखा गया बाल हिंदी मोर्चा। पिता के राजनीतिक गुणों का असर भी पुत्र पर दिख रहा था। सामाजिक मुद्दों पर बच्चों के योगदान का पर्याय था यह दल। देखते ही देखते इनके बाल दल में सैकड़ों बच्चे शामिल हो गये। बच्चों ने हरीश के नेतृत्व में आईडीपीएल वीरभद्र से ऋषिकेश तक एक विशाल साइकिल रैली निकाली, जो पर्यावरण पर आधारित थी। बच्चों में अपनी साइकिल को बहुत अच्छे तरीके से सजाया था। बैनर व तख्तियां बनाई थी। समय-समय पर वृक्षारोपण भी किया। यंग आब्जर्वर क्लब भी बनाया गया था, जो विश्व प्रकृति निधि से मान्यता प्राप्त था।

बाल-दल का पूरा संविधान व घोषणा पत्र हरीश ने बनाया था, जिसमें सामाजिक कार्यों का सम्पूर्ण विवरण था। हरीश व उसके एक मित्र मनप्रीत सिंह ने आतंकवाद के विरोध में हाथ से लिखे कागज के पोस्टर भी चिपकाये थे, जिसमें आतंकवाद विरोधी नारे लिखे हुये थे। इस समय पंजाब आदि विभिन्न राज्यों में आतंकवाद काफी उग्र था। बाल-दल में विभिन्न पद जैसे उपाध्यक्ष, प्रचार मंत्री आदि बनाये गये थे। स्वयं हरीश अध्यक्ष थे। पिता के संगठनात्मक कौशल को हरीश ने स्वयं देखा था। इनके पिता ने लोगों को विभिन्न

रचनात्मक कार्यों के लिये एकजुट किया था। यादव समाज नाम से एक संस्था बनाई थी, जिसके द्वारा अच्छी बातों का प्रचार किया तथा लोगों को मार्गदर्शन दिया।

हरीश में विभिन्न गुण रचे बसे थे। विविध कला सम्पूर्ण हैं। एक कुशल अभिनेता भी रहे। वर्ष 1995 में इन्होंने अपने मित्रों के साथ मिलकर सामाजिक विषय पर एक फिल्म बनाई थी, जिसका नाम 'वन-रक्षक' था। इस फिल्म के यह निर्माता व निर्देशक भी थे तथा अभिनय भी किया था। अपने मित्र धीरज धवन तथा समीर दत्त के साथ मिलकर पूरी टीम को प्रशिक्षित किया था। यह फिल्म वनों की रक्षा पर आधारित थी। यह पहली ऐसी फिल्म थी, जो पूरी तरह बच्चों द्वारा बनाई गई थी। फिल्म की कहानी, पटकथा व संवाद भी स्वयं हरीश ने लिखे थे। बच्चों के उच्च प्रयासों को देखते हुये इस फिल्म को 'गोल्डन एनवायरमेंटल' पुरस्कार भी प्राप्त हुआ था। हरीश बचपन से ही आकर्षक, सरल व प्रसन्नचित रहे, देखकर लोग स्वयं खिंचे चले आते थे।

सन् 1997 में हरीश ने आईडीपीएल उपक्रम के इण्टर कालेज में कक्षा 11 में प्रवेश लिया था। उस समय कला विषयों को पढ़ना अच्छा नहीं माना जाता था और विज्ञान विषयों को श्रेष्ठ माना जाता था। पिता ने पुत्र की अभिरुचित को देखते हुये कला विषयों के चयन की अनुमति दे दी और कहा कि "स्वर्ग के दास बनने की अपेक्षा नरक का राजा बनना श्रेष्ठ होता है।" लोगों की मानसिकता बदल दो।

हरीश ने कक्षा 11 में ही कला विषयों के साथ कॉलेज टॉप किया। पूरे कॉलेज व शहर में कीर्ति फहर गई। विज्ञान के शिष्य व शिक्षक भी समझ नहीं पा रहे थे कि कला विषयों में, जहां उच्च अंक लाना कठिन होता है, वहीं इस बालक ने सर्वोच्चांक प्राप्त कर सभी को पीछे छोड़ दिया। हिंदी व अंग्रेजी के शिक्षक तो इतने प्रभावित हुये कि मिलने घर तक पहुंच गये क्योंकि इतने सुंदर उत्तरों को देखकर वह अपने को रोक नहीं पाये और रात में ही घर पहुंच गये।

सुंदर लेखनी, शैली, चित्रों के साथ आकर्षण से युक्त उत्तर पुस्तिकाओं में एक परीक्षक ने अपना कमेंट लिख दिया -'यूनिक' (अद्वितीय)'। संस्कृत के शिक्षक शास्त्री जी तो बहुत ताज्जुब में थे कि इतना अच्छा उत्तर व व्याकरण तो कोई संस्कृत ऋषि या आचार्य ही लिख सकता है। सभी कुछ संस्कृत में वो भी शास्त्रीय रीति में। हिंदी के विषय में किसी को पूरे अंक नहीं मिलते। हिंदी शिक्षक ने कहा कि कहीं भी कोई अंक काटने की गुंजाइश नहीं है फिर भी रीति के अनुसार एक अंक कटौती करता हूं।

स्कूल के प्रधानाचार्य ने स्कूल की सभा में सभी बच्चों व शिक्षकों के सामने हरीश को सम्मानित किया तथा विशिष्ठ छात्र का पुरस्कार दिया। प्रधानाचार्य श्रीमती निशा खण्डूडी ने कहा कि – अब मैं इस विद्यालय के हीरो व विशिष्ट छात्र को बुला रही हूं। जिसने विद्यालय के इतिहास को ही बदल दिया है। वरिष्ठ प्रवक्ता श्रीमती सुकुमारी सिंह से हरीश ने समाज शास्त्र की व्यवहारिक शिक्षा प्राप्त की थी।

राष्ट्रीय कैडेट कोर में बतौर अंडर ऑफीसर हरीश ने गणतंत्र दिवस, स्वतंत्रता दिवस व अन्य अवसरों पर विशाल परेड का नेतृत्व किया तथा सैनिक प्रशिक्षण प्राप्त किया। हथियारों को चलाने व ड्रिल की ट्रेनिंग प्राप्त की। इनका निशाना भी अचूक था। वर्ष 1997 में पूरे उत्तर प्रदेश से एकमात्र इनका चयन राष्ट्रीय एकता शिविर के लिए हुआ था, जो पोर्ट ब्लेयर में होना था। इण्टरमीडिएट की परीक्षा में इन्होंने टॉप किया तथा राज्य की मेरिट में स्थान प्राप्त किया।

<u>उच्च शिक्षा</u>

कालेज में आते ही इनका दायरा बढ़ा गया। गढ़वाल विश्वविद्यालय, श्रीनगर के राजकीय महाविद्यालय, ऋषिकेश में इन्होंने बी.ए. में प्रवेश लिया।

इनके भीतर की प्रतिभा विविध रूपों में सामने आ गई। कालेज में लेखक, गायक, अभिनेता व नृतक के रूप में अभूतपूर्व ख्याति पाई तथा एक अद्भुत व चमत्कारिक व्यक्तित्व के रूप में प्रसिद्ध हो गये। इन्हें लोग <u>जीनियस</u> कहने लगे। उस समय पूरा कालेज व क्षेत्र इन्हें देखने व मिलने के लिये लालायित रहता था। हर कोई छात्र इनसे मित्रता करना चाहता था। जो इनको एक बार देख ले या बात कर ले तो हरीश का हो जाता था। कालेज में इनकी लोकप्रियता को देखते हुये इन्हें छात्र-संघ के उपाध्यक्ष व कोषाध्यक्ष पद पर जीत हासिल हुई। कालेज के समय में ही इनका जुझारू व नायक का रुप भी सामने आया।

उस समय उत्तराखंड में भूकंप आने से पर्वतीय क्षेत्रों में जान-माल की हानि हुई थी। ऐसे में वहां तक राहत सामग्री पहुंचानी थी। शिक्षकों व कुछा छात्रों ने विचार किया कि कालेज के बच्चों से चन्दा इकट्ठा किया जाये और जो भी धनराशि एकत्रित हो उसे राज्य सरकार के माध्यम से राहत कार्यों में दे दिया जाये। हरीश ने छात्र-छात्राओं से सम्पर्क करना आरंभ किया। उन्हें समझाया कि हम सबको इस त्रासदी से ग्रस्त जरूरतमंदों के लिये कुछ मदद करनी चाहिये। चंदा एकत्र करने का कार्य आरंभ किया गया। हरीश के व्यवहार के कारण लोगों ने खुलकर दान दिया। यह दान उस समय सात हजार रुपए से ज्यादा जमा हुआ था।

राजकीय महाविद्यालय, ऋषिकेश में वार्षिक प्रतियोगिताओं का आयोजन होता था, जिसमें विभिन्न विभाग विविध प्रकार की प्रतियोगिताओं का आयोजन करते थे। एक बार सभी प्रतियोगिताओं जैसे-निबंध, पोस्टर, चित्रकला, व्याख्यान, क्विज, कार्टोग्राफी, गायन व नाटक आदि सभी प्रतियोगिता में हरीश ने भाग लेते हुये प्रथम स्थान प्राप्त किया तथा कुल 11 पुरस्कार जीते। पुरस्कार इतने हो गये थे कि इन्हें ले जाना भी कठिन हो रहा था। सभी आश्चर्यचकित थे। कालेज के एक कार्यक्रम में प्रधानाचार्य श्री अजीत कुमार सिंघल ने हरीश को इन पुरस्कारों से सम्मानित किया। सिंघल जी बहुत कर्मठ व ईमानदार व्यक्ति थे तथा हरीश को बेहद प्रेम करते थे। दूसरे विद्यार्थियों को हरीश की तरह बनने की प्रेरणा देते थे। एक बार उन्होंने एक कार्यक्रम में कहा था – <u>''छात्र हो तो हरीश जैसा, जो आज साईकिल से कालेज आता है, कल कार से आयेगा।</u>

उन्होंने हरीश को गले से लगाकर कहा कि ऐसे अद्भुत विद्यार्थियों की इस कालेज को जरूरत है। मैं चाहता हूं कि यह कालेज भी जे.एन.यू. की तरह उच्च कोटि का संस्थान बन सके। हरीश ने कहा कि मैं आपके प्रयासों में सदा भागीदारी करुंगा।''

सत्य है कि ऐसे गुरु व विद्यर्थी के कारण आज राजकीय पी.जी. कालेज ऋषिकेश को विश्वविद्यालय अनुदान आयोग (यू.जी.सी.) द्वारा 'ए' ग्रेड प्राप्त हुआ तथा यह कालेज एक स्वायत्त कालेज बनकर प्रतिष्ठित हुआ है। सिंघल का स्वप्न पूरा हुआ।

कालेज के दौरान इनके कई निबंधन आलेख प्रकाशित हुये। कालेज के दौरान अध्ययन करते हुये ही इन्होंने एक पुस्तक लिखी – <u>उत्तराखंड का आधुनिक भूगोल व क्षेत्रीय विकास</u>। यह पुस्तक उसी दौरान उपकार प्रकाशन, आगरा से प्रकाशित हुई। जिसमें बहुत ही मूलभूत व अनुसंधान की हुई जानकारी थी। आश्चर्य की बात है कि छात्र रहते हुये इन्होंने यह पुस्तक लिखी थी। जिसे इनके ही सहपाठी पढ़े रहे। यह पुस्तक एक उत्तम अनुसंधान थी। जिसमें उत्तराखंड राज्य के विकास की मौलिक रणनीति भी थी।

सन् 2000 में हरीश ने बी.ए. की परीक्षा में अभूतपूर्व कीर्तिमान बनाते हुये गढ़वाल विश्वविद्यालय में सर्वोच्च स्थान प्राप्त किया। इनके अंक विज्ञान के स्नातकों से भी ज्यादा थे। इन्हें गोल्ड मेडल व छात्रवृति से सम्मानित किया गया। एक पेपर में 100 में से 95 अंक मिले थे, जिस कारण लड़कियों ने इनका एक नाम 95 भी रख दिया था। भूगोल, अर्थशास्त्र व समाजशास्त्र की कापियां रिकार्ड के तौर पर सहेज कर रखी गई।

बी.ए. करने के पश्चात इन्हें कई विश्वविद्यालयों जैसे जे.एन.यू., ए.एम.यू. आदि बड़े विश्वविद्यालयों में इनका प्रवेश हेतु चयन हो गया था परंतु फिर भी इन्होंने अपने ही विश्वविद्यालय को चुना।

वर्ष 2000 में इन्होंने एम.ए. (अर्थशास्त्र) में प्रवेश लिया तथा 2002 में प्रथम श्रेणी में परीक्षा उत्तीर्ण की वर्ष 9 नवम्बर, 2000 को उत्तराखंड राज्य का निर्माण हुआ। इसी दिन कालेज के आडोटोरियम में एक कार्यक्रम रखा गया था, जिसमें शिक्षक, छात्र व अन्य विशेषज्ञ भाषण दे रहे थे। जब हरीश की बारी तो उसने इतना बढ़िया, ओजस्वी भाषण दिया कि पूरी सभा मंत्रमुग्ध हो गयी।

कालेज के दौरान विभिन्न वाद-विवाद प्रतियोगिताओं में हरीश ने पुरस्कार जीते। एक कुशल निपुण वक्ता है, जिनके भाषण में ओज भरा रहता है। व्याख्यान देते समय विभिन्न भाषाओं संस्कृत, अंगेजी व उर्दू तक के काव्यों का उद्धरण भी देते हैं। इनको सुनने के लिये लोग घण्टों बैठकर इंतजार करते थे। संविधान विषय पर वाद-विवाद प्रतियोगिता में इनका भाषण बहुत उच्चकोटि का था, जिस पर इन्हें प्रथम पुरस्कार प्राप्त हुआ था।

कालेज में शैक्षणिक माहौल बनाने के लिये इन्होंने एक 'रेजोनेन्स ग्रुप' बनाया था, जिसका उद्देश्य शिक्षकों के साथ सहयोग से एक अच्छा वातावरण बनाना था। इसमें अन्जू व रूप सिंह भी शामिल थे।

हरीश ने एम.फिल. (अर्थशास्त्र) की परीक्षा अलगप्पा विश्वविद्यालय, कराईकुडी (तमिलनाडु) से उत्तीर्ण की, उसके पश्चात पी.एच.डी. की उपाधि सांई नाथ विश्व विद्यालय, रांची से प्राप्त की जिसका विषय था –''उत्तराखंड में उपभोक्ता संरक्षण की स्थिति ।

इसके तहत उत्तराखंड के 13 राज्यों का अध्ययन किया तथा विश्लेषण निकाला कि विभिन्न राज्यों में उपभोक्ता अपने अधिकारों के प्रति कितना सजग है। उपभोक्ता फोरम की क्या स्थिति है।

यह अनुसंधान, राज्य की दृष्टि से एक नया अनुसंधान था, जिसने उपभोक्ता संरक्षण पर नई प्रवृतियों को बताया।

2
राष्ट्रीय सेवा व कार्य

वर्ष 2013 में हरीश का चयन संघ लोक सेवा आयोग, के नई दिल्ली के द्वारा सहायक निदेशक के पद पर हुआ। केंद्रीय सिविल सेवा के तहत उन्हें आर्थिक अन्वेषण के रूप में सूक्ष्म, लघु एवं मध्यम उद्यम मंत्रालय का कार्य भार सौंपा गया। नवम्बर, 2013 में इन्होंने नई दिल्ली आकर कार्यभार ग्रहण किया। उद्यमशीलता विकास, लघु उद्योगों का विकास, प्रचार व प्रकाशन आदि इनके मुख्य कार्य रहे हैं।

वर्ष 2014 में अवसंरचनात्मक औद्योगिक विकास का कार्य देखते हुये इन्हें देश के 13 राज्यों के औद्योगिक विकास का जिम्मा मिला जिनमें कई राज्य-उत्तर प्रदेश, उत्तराखंड, हिमाचल प्रदेश, पश्चिम बंगाल, केरल, पूर्वोत्तर आदि के राज्य थे। इन्होंने जमीनी स्तर पर जाकर उद्यमियों की कठिनाइयों को जाना तथा संतुलित विकास पर जोर दिया।

समस्याओं को यह त्वरित गति से निपटाते हैं, तथा भ्रष्टाचार के प्रति सख्त रहे, यही कारण था कि राज्य सरकारों के बड़े से बड़े अधिकारी इनसे मिले बिना नहीं जाते थे। इनके कार्यालय में जो भी उद्यमियों व व्यक्ति अपनी समस्याओं को लेकर आते, उन्हें यह निपटाते थे, भले ही इन्हें देर तक बैठना पड़े।

इनके कार्यालय में जब लोग निराश व परेशान होकर आते और इनसे मिलकर जाते हुये प्रसन्नचित व आत्मविश्वास से भरकर जाते थे।

इन्होंने उत्तर प्रदेश में ग्लास बीड्स उद्योग, वस्त्रोद्योग, कैंची उद्योग, जरी-जरदोजी, फल प्रसंस्करण उद्योगों के प्रस्तावों की स्वीकृति करवायी। सफल प्रस्तावों पर राज्य सरकारों को सामान्य सुविधा केंद्र लगाने के लिये करोड़ों की अनुदान राशि की गई। पश्चिम बंगाल में छोटे कारीगरों की इन्होंने समस्याएं सुनी तथा उनका निराकरण किया। पूर्वोत्तर राज्यों, असम आदि में औद्योगिक आस्थान के निर्माण में योगदान दिया। इन्होंने इस बात पर विशेष ध्यान दिया कि आवंटित धनराशि राज्यों के माध्यम से लाभार्थियों तक पहुंचें। मेरठ के परतापुर, आगरा के ननुहाई, फिरोजाबाद, उत्तराखंड के सिडकुल आदि परियोजनाओं में धनराशि आवंटित की गई। विभिन्न राज्य सरकारों ने इनकी प्रशंसा भी की। अपने

कार्यकाल में इन्होंने फर्जी व अनुचित प्रस्तावों के प्रति सख्ती बरती तथा बड़े घोटाले को भी उजागर किया। बिना किसी भय, त लालच के इन्होंने अनुचित प्रस्तावों का अस्वीकृत करवाया।

उद्यमिता के विकास के लिये नवयुवकों को इन्होंने सदा प्रेरित किया। इनका मानना है कि कृषि के पश्चात लघु उद्योग ही भारतीय संस्कृति को साथ ले जाते हैं। अपने व्याख्यानों व 'उद्यम की राह' के द्वारा उद्योगों व योजनाओं का प्रचार किया। उद्यमिता के विकास हेतु उद्यमिता के पारिस्थितिकी तंत्र को विकसित करने पर जोर दिया। उद्यमों को शीघ्र रजिस्ट्रेशन के लिये उद्योग आधार बनाया गया। उद्यमियों की गणना हेतु ऑनलाइन डाटा बैंक बनाया गया। डिजिटल प्रयासों के द्वारा उद्यम को सरल व सुगम तथा मध्यस्थों से उत्पन्न समस्याओं को दूर करना था।

विभिन्न सरकारी योजनाओं में आवेदन करने के लिए ऑनलाइन व्यवस्था की गइ। उद्यमियों के विपणन की सुविधाएं उपलब्ध करावायी गई। इन्होंने स्वयं की गई व्यक्तियों को स्वरोजगार हेतु मार्गदर्शन दिया तथा आर्थिक सहायता उपलब्ध कराई। आज, देश के विभिन्न हिस्सों में नव उद्यमी हरीश का आभार व्यक्त करते हैं।

वर्ष 2016 से यह भारत सरकार की पत्रिका लघु उद्योग समाचार में सम्पादक भी रहे, तथा अपने आलेखों द्वारा भी महत्वपूर्ण जानकारियों को जनमानस तक पहुंचाया।

3

नदी अभियान

<u>नदियों व जल का संरक्षण</u>

प्रकृति के प्रति हरीश के अप्रतिम लगाव ने प्राकृतिक संसाधनों के संरक्षण के लिए सदैव प्रेरित किया। उनके अनुसार सभी प्राकृतिक संसाधन जैसे भूमि, जल, नदी व वन प्राकृतिक सम्पदा जिसका प्रयोग विवेकपूर्ण तरीके से होना चाहिए। अनियंत्रित शहरीकरण के कारण जल व नदियां खतरे में हैं। जनता को वृहत रूप में जागरुक करने के लिए हरीश ने सन् 2019 में एक अभियान चलाया, जिसका नाम <u>जल संजीवनी</u> था। नदी बचाओ अभियान भी चलाया गया।

<u>सूखी नदी का पुनरुद्धार</u>

भारत के उत्तरी क्षेत्र में गंगा के विशाल मैदानों में कई मौसमी नदिया बहा करती थीं, जो कुछ वर्ष पूर्व ही सूख गईं। इस क्षेत्र में नदी का जल स्तर बहुत नीचे चला गया, जिससे ग्रामीणों को समस्याएं आने लगीं। तालाब सूखने लगे। एक दिन जब हरीश ने अपने गुन्नौर क्षेत्र में सूखी नदी महावा को देखा तो उनके मन में पिता जी की वो बात याद आ गई कि वह स्कूल पढ़ने इस नदी को तैरकर जाते थे। अब यह नदी सूखी चुकी थी। हरीश के मन मे यह विचार आया कि जब गंगा को स्वर्ग से लाया जा सकता है, तो कि महावा को भी पुन: जीवित किया जा सकता है और इनके प्रयासों ने महावा अभियान का आरंभ किया।

महावा नदी अभियान 150 किलोमीटर लंबी नदी को फिर से जीवित व प्रवाहमान बनाने का अभियान है। हरीश के अनुसार ''नदियां देश की जीवन रेखाएं हैं। सभ्यता का पालना हैं। महावा नदी पश्चिमी उत्तर प्रदेश के तीन जिलों अमरोहा, सम्भल व बदायूं में प्रवाहित होती थी। अमरोहा के पिपरिया घाट पर गंगा से निकलकर गुन्नौर तहसील के मेदपुर डांडा और निरयावली में प्रवेश करती है। बदायूं के कछला घाट पर गंगा में मिल जाती थी। हरीश ने अपने एक आलेख में कहा है कि-

''मैं जब भी अपने गांव जाता तो विभिन्न स्थानों पर सूखी महावा नदी का देखता। महावा सूखे नयनों से अपनी व्यथा को प्रकट करती। मेरे पिता जी ने वर्षाकाल में इस नदी में लहरें

देखी थीं।

महावा की जमीन पर काफी स्थानों पर लागों ने कब्जा भी कर लिया था, ग्रामीण व किसानों ने भी हरीश से मुलाकात कर महावा के उद्दार के लिए कहा। न केवल महावा परंतु हरीश सभी नदियों के संरक्षण के बारे में सोच रहे थे। उन्होंने निष्कर्ष निकाला कि राष्ट्रीय स्तर पर सूखी नदियों व तालाबों का एक डाटाबेस तैयार होना चाहिए, जिसमें नदी के प्रवाह क्षेत्र को माप आदि हो।

इस हेतु इन्होंने 5 जनवरी, 2019 को केंद्रीय जल संसाधन मंत्रालय को पत्र लिखा जिसमें कहा गया था कि- उत्तर प्रदेश व बिहार आदि राज्यों में गंगा की कई सहायक नदियां हैं, जो वर्षाकाल में जल से भर जाती थीं किंतु आज सूख गई है। यह नदियां फिर से जीवित हो जाती हैं और इनके मार्ग को ठीक कर दिया जाए तो बाढ़ की समस्या से निजात मिलेगी। यह छोटी सरिताएं वर्षाकाल में मुख्य नदी के अधिक जल को अपने में समावेशित कर लेती हैं तथा बाढ़ से बचाते हुए, भूजल स्तर में वृद्धि करती हैं। इनसे पारिस्थितिकी तंत्र भी अच्छा रहता है। प्राकृतिक वनस्पति व जीव जंतुओं के लिए भी फायदेमंद हैं। वर्ष 2017-18 में हरीश ने महावा नदी को पुनर्जीवित करने के लिए प्रयास आरंभ कर दिए थे। इन्होंने इस नदी को भौगोलिक विश्लेषण किया तथा रिपोर्ट बनाई।

उत्तर प्रदेश राज्य व सिंचाई विभाग तथा अन्य विभागों से इस नदी पर से अवैध कब्जा हटवाने तथा खुदाई करने के लिए प्रयास किए। कुछ अतिक्रमणकारियों ने सहसवान में नदी की भूमि पर पक्का मकान बना लिया था, जिसे प्रशासन के द्वारा जर्मींदोज करवाया गया क्योंकि अतिक्रमण को वह बर्दाश्त नहीं कर सकते थे। बदायूं के सिंचाई विभाग ने हरीश को अवगत करवाया कि कई स्थानों पर नदी का पूरा मार्ग खो गया है। जिसके लिए सर्वेक्षण हेतु बजट का अभाव है। बजट उपलब्ध करवाने के लिए हरीश ने उत्तर प्रदेश सरकार से बात भी की। कई पत्रिकाओं में जल संरक्षण पर हरीश के आलेख प्रकाशित हुए। विभिन्न सम्मेलनों में इन्होंने लोगों को जागृत भी किया।

अन्तत: हरीश का संकल्प सफल हुआ और आधुनिक भागीरथ के रूप में इनकी कीर्ति दूर-दूर तक फैल गई। जनवरी, 2019 में सिंचाई विभाग ने हरीश को अवगत करवाया कि शीघ्र ही नदी के सर्वेक्षण व खुदाई का कार्य आरंभ किया जाए। वर्ष 2019 में महावा नदी के पुनरुद्धार का कार्य आरंभ हो गया। महावा नदी से ग्रामीण अर्थव्यवस्था को लाभ मिलेगा। जब खुदाई के लिए स्थानीय प्रशासन के पास बजट नहीं था, तब हरीश ने युवाओं को श्रमदान करने के लिए आमंत्रित किया और एक नारा दिया- 'एक हाथ-एक परात'। अर्थात प्रत्येक व्यक्ति दो परात भर कर मिट्टी खोदेगा। निरंतर लोग जुड़ते रहे तथा महावा पद यात्रा के लिए रूपरेखा भी बनाई गई। भारत सरकार ने हरीश के प्रयासों की सराहना की। भारत सरकार ने सभी राज्य सरकार व केंद्र शासित प्रदेशों को यह निर्देश दिया कि नदियों का डाटाबेस तैयार करने के लिए आवश्यक कार्य करें और इस प्रगति से हरीश को सूचित करें।

मेघालय सरकार के जल संसाधन विभाग ने बताया कि हरीश के सुझावों को अमल में लाया गया है। हरियाणा सरकार ने बताया कि राज्य में एक तालाब और जल प्रबंधन प्राधिकरण है। इस प्राधिकरण ने पोंड डाटा मैनेंजमेंट सिस्टम तैयार किया है, जिसके द्वारा सभी प्रकार के तालाबों व जल स्रोतों का डाटा रखा जाता है जिसके द्वारा विभिन्न मापदंडों के आधार पर तालाबों को वर्गीकृत किया गया है। नदी संरक्षण समिति भी बना ली गई है।

हरीश के इन कार्यों ने देश में क्रांति का कार्य किया तथा राज्य सरकारों के नदियों व तालाबों के संरक्षण के लिए आधुनिक तरीके अपनाए। विभिन्न नदियों व तालाबों पर से कब्जों को हटाया गया तथा युवाओं ने भी नदी जल संरक्षण को समझा। हरीश के इन प्रयासों को अंतर्राष्ट्रीय स्तर पर पहचान मिली तथा विभिन्न अंतर्राष्ट्रीय संस्थाओं ने इन्हें सम्मानित किया।

अंतर्राष्ट्रीय रिवर फाउंडेशन के मुख्य कार्याधिकारी डॉ. इवा अबेल ने सितम्बर, 2019 में कहा कि अंतर्राष्ट्रीय नदी दिवस के मुख्य साझेदार के रूप में आपके द्वारा किए जा रहे कार्यों की हम प्रशंसा करते हैं तथा बधाई देते हैं। ग्लोबल यूथ पार्लियामेंट ने अध्यक्ष ने 24 जनवरी, 2019 में हरीश यादव को प्रशस्ति पत्र देकर सम्मानित किया। अध्यक्ष दिवाकर अर्याल ने कहा कि सूखी नदी को जीवित करने का यह एक महान प्रयास है, जो ग्रामीण विकास एवं जैव विविधता के लिए बहुत महत्वपूर्ण है। हरीश को 'आधुनिक भागीरथ' की उपाधि से सम्मानित किया गया।

एक भूगोलविद् के रूप में भी हरीश का कौशल काम आया इन्हें भौगोलिक व भूगर्मीक ज्ञान की एक गहन समझ है। जिसके द्वारा इन्होंने महावा नदी के खोए हुए मार्ग को ढूंढ निकाला तथा यह भी बताया कि अभी भी कुछ हिस्सों में महावा नदी भूमिगत होकर बह रही है।

यूथ की आवाज में 2019 में प्रकाशित हरीश के आलेख ने काफी लोगों को प्रभावित किया है।

महावा नदी पर श्रम दान को प्रेरित करने के लिए हरीश ने एक गीत लिखा तथा उसे अपनी आवाज दी। इस गीत में इतनी ताकत है, कि इसने एक नदी को जीवित कर दिया। इस गीत के मुख्य बात हैं-

''चलो पुकारे तुम्हें महावा, कर्ज चुकाना बाकी है।

जिसके जल से अन्न उगा था, उसे बचाना बाकी है।

आज, माहवा के निकट, महावा तीर्थ विकसित हो गया है,जो हरीश के तपोबल का परिणाम है, स्थानीय लोगहरीश में अपार श्रद्धा रखते हैं तथा इन्हें सुनने और देखने के लिए लोगों का हुजूम उमड़ पड़ता है।

4

साहित्यिक व कलात्मक पक्ष

तेजस्वी, समाज व राष्ट्रोपयगी विचारधारा का युवा, विवेकानंद विचार धारा का युवा जो अपने दृष्टकोण से गांवों को नई दिशा दे रहा है। गांव को संवार रहा है।

न्यौरा-ब्यौरा सिद्ध समाधि बाबा महादंगल में उद्योग मंत्रालय, भारत सरकार के सहायक निदेशक डॉ. हरीश यादव ने अपने संक्षिप्त भाषण में ग्रामीण युवा, गांव के झगड़े, ग्रामीण उद्योग धंधे, ग्रामीण शिक्षा व्यवस्था, गांव में सकारात्मक चौपालों का गठन, गांवों की बेटियों को अधिक से अधिक शिक्षा के अवसर प्रदान करना। ग्रामीण साफ सफाई आदि कई महत्वपूर्ण बिंदुओं पर फोकस करने की कोशिश की।

सरकारी तौर पर भारत सरकार द्वारा भारत उदय के कितने भी नारे दिए जाएं। कितना भी ढोंग पीटा जाए परंतु सही अर्थों में भारत उदय का कार्य भारत सरकार का वह युवा अधिकारी कर रहा है, जो अपने सामान्य से संसाधनों से गांव की तरक्की का रास्ता खोल रहा है। भारत सरकार के केंद्रीय कर्मचारियों का पांच दिवसीय कार्य दिवस होता है। यह युवा सप्ताह के उन दो दिनों को दिल्ली से सैकड़ों किलोमीटर दूर गांवों में ग्रामीण भारत की नई तस्वीर खींचने में लगे हुए हैं, जबकि शायद यह युवा भी अपने साप्ताहिक हो अवकाश को सैर-सपोटे व सैरगाह में बिता सकता है, जबकि यह बहुत विपरीत परिस्थिति में जाकर अपने सीमित संसाधनों से ग्रामीण विकास पर कार्य कर रहे हैं।

मैं हेमचंद्र रियाल, गुरूकुल शिक्षा समूह का संस्थापक सदस्य इस महादंगल में दो दिनों तक डॉ. हरीश यादव के साथ था। वह अपने संसाधनों से गांवों में पहुंचकर गांवों की समस्याओं के निराकरण में लगे रहे।

किसी तरह की लाग-लपेट की भाषा से दूर हरीश सहज ही कई समस्याओं का निराकरण कर रहे थे। लोगों की भीड़ अपनी-अपनी समस्या लेकर उनसे मिलने आई हुई थी।

<u>भाषा के समीक्षात्मक पहलू</u>- ग्रामीण युवा व क्षेत्रवासी हरीश को सुनने बहुत दूर-दूर से हजारों की संख्या में पहुंचे थे। हरीश के युवाओं का अवाहन करते हुए कहा कि अपना लक्ष्य और व्यवहार स्पष्ट रखो। सफलता के सभी रास्ते सरल व स्पष्ट है। अपने जीवन को गति दें। किसी भी व्यक्ति व परिस्थिति से अनावश्यक अपेक्षाएं न पालें। जीवन में लक्ष्य बनाना सीखें। मेरे कार्यों से मैं, मेरा समाज, मेरा गांव, मेरा जिला व मेरा देश, प्रदेश भी जाना जाता है। इसलिए अच्छा कार्य करें, प्रत्येक छोटा कार्य बड़ा हो सकता है। प्रत्येक छोटा व्यक्ति बड़ा हो सकता है।

डॉ. हरीश को सुन रही हजारों की जनता मंत्रमुग्ध थी।

<u>गांव के झगड़े</u> – हरीश ने कहा लड़ाई झगड़े वहीं होते हैं, जहां व्यक्ति होते हैं, परंतु इन्हें सुलझाने का प्रयास करें। लड़ाई झगड़े में हमारी ताकत, हमारा धन नष्ट होता है, इसलिए जीवन का आनंद बिगाड़ने का प्रयास न करें।

गाय व भैंसों का दूध जिससे स्वच्छ पकवान बनाने का तरीका गांवों के लोगों को ही आता है। गन्ने का गुड़ व खंड बनाना, दरी बनाना आदि सभी ईश्वरीय गुण गांव के लोगों को ही प्राप्त हैं।

<u>ग्रामीण माताएं व बहनें</u>- डॉ. हरीश ने ग्रामीण माताओं व बहिनों के प्रति सम्मान का अवाहन भी युवाओं से किया। उन्होंने कहा कि प्रत्येक युवा महिलाओं के प्रति सम्मान का दृष्टिकोण रखे। हमारी सफलता की सबसे बड़ी राजदार हमारी मां, बहिन, पत्नी व बेटी होती हैं। उन्होंने संयुक्त राज्य अमेरिका सरकार में कार्यरत बहिन मनीषा सिंह के बारे में कहा कि वह महिला अमेरिका में रहते हुए हमारे क्षेत्र की महिलाओं के लिए कार्य कर रही हैं। अपने घर की बहिनों को भी खेलकूद व पढ़ने के खूब अवसर प्रदान कर उनका और अपना स्वाभिमान बढ़ाएं। बहन, बेटी घर परिवार व देश का गौरव होती हैं। मनीषा सिंह अमेरिका में रहते हुए शाम को कुछ रुपए सोशल मीडिया, जिला सम्भल के गांवों के लोगों से संवाद करती हैं और महिला कल्याण व उत्थान में महत्वपूर्ण भूमिका अदा करती है। (अभीगतांक से आगे और लिखूंगा)

<u>हरीश साहित्य</u>

हरीश छोटी सी उम्र में ही काव्य रचना करने लगे थे और बचपन में कई ग्रंथ लिख डाले थे, जिन्हें देखकर लोग आश्चर्य करते थे। बचपन में धार्मिक शास्त्रों ने इन्हें प्रभावित किया। मात्र आठ व नौ वर्ष में ही शास्त्रीय रचनाओं को रच डाला। गीता जैसे ग्रंथों के श्लोक सहज रूप में कण्ठस्थ थे और धारा प्रवाह वेदों व उपनिषदों के श्लोक सुना देते थे। छोटी सी उम्र में महान ग्रंथों का अध्ययन कर लिया था। कक्षा आठ में थे, तभी से दोहा, रोला, सवैया, श्लोक आदि छंदों की रचना कर देते थे। आशुकविता में इनका जवाब नहीं है। इन्होंने 10 वर्ष की उम्र में ही पूरा काव्य संग्रह रच दिया था जिसमें विविध प्रगतिवादी व प्रकृतिवादी धार्मिक रचनाएं थीं। इस संग्रह का नाम '<u>मधु संगम</u>' था। इनकी कविताओं को इनके मित्र व अन्य लोग बड़े चाव से सुनते थे।

युवावस्था में आईडीपीएल क्षेत्र में घास के मैदानों में बैठकर या सायंकालीन भ्रमण पर अपनी मित्र मंडली को उर्दू के शेर सुनानया करते थे।

विभिन्न भाषाओं में इनकी पकड़ है। साहित्य की हर विधा में यह लेखन करते हैं। हिंदी के अलावा अंग्रेजी, उर्दू, संस्कृत, जर्मन, अरबी व ब्रज भाषा आदि में रचना की हैं। हिंदी में देवराज, नीरव, उर्दू में आफ, उपनाम से रचना की हैं। इनकी पहली कविता 'चंचल मन' जय राम संदेश नामक पत्रिका में प्रकाशित हुई थी। विभिन्न पत्र-पत्रिकाओं में कविता, गजल, कहानी व आलेख आदि प्रकाशित हुए हैं। कालेज की 'प्रेरणा' से लेकर जयराम संदेश, लघु उद्योग समाचार में सम्पादक रहे।

इनका पहला काव्य संग्रह 'युगद्रस्टा 2005 में देहरादून से प्रकाशित हुआ था, जिसमें विचारोतेजक, प्रगतिवादी कविताएं हैं।

सन् 2011 में इनकी अंग्रेजी पुस्तक 'आई' प्रकाशित हुई, जिसने साहित्य के क्षेत्र में नई विधा को जन्म दिया। यह पुस्तक इनकी एक श्रीलंकाई मित्र दिनेसा वीराजनी के मध्य एसएमएस (लघु संदेश) पर आधारित थी। जिसने लघु संदेशों को साहित्य का रूप दिया। इसके साथ ही यह सबसे छोटा शीर्षक होने वाली किताब की है, जिसे इंडिया बुक ऑफ वर्ल्ड रिकार्ड ने दर्ज किया है।

सन् 2017 में इनकी विख्यात पुस्तक <u>अनुगूंज</u> प्रकाशित हुई, जिसे लोगों ने हाथों-हाथ लिया। इसकी कई हजार प्रतियां बिक चुकी हैं। इस संग्रह की कई कविताओं पर पुरस्कार भी मिला है। इसी संग्रह की कविता '<u>विश्व मानव</u>' को भारत सरकार का पुरस्कार भी प्राप्त हुआ है।

वास्तव में अनुगूंज की कविताओं की प्रतिध्वनि हृदय में गूंजती रहती है। इसके स्वर बुझे व दबे हुए मन को उठाकर उसमें अदम्य ऊर्जा, उमंग का संचार करते हैं। इनकी कविताएं जीवन और भावनाओं के मानसिक रहस्यों को खोलती हैं। वीरता, ओज, सत्य आदि से सिक्त ये कविताएं मनुष्य को रुपांतरित करने की अद्भुत क्षमता रखती हैं। इस पुस्तक ने हिंदी साहित्य में नव प्रयोगवाद को जन्म दिया है।

सन् 2020 में इनकी कालजयी पुस्तक 'पवन हंस' प्रकाशित हुई है, जो दो प्रेमियों के मध्य पवन द्वारा संदेश प्रेषण को व्यक्त करती है।

इसी वर्ष इनका गजल संग्रह '<u>खाम-ए-मिश्गां</u> भी आया जिसमें अमर शेर व गजल है, जो गहन भावनाओं से सजी हैं। इनके शेर दिलों को एक राह और जीवन को नया अर्थ देते हैं। कुछ शेर हैं-

तू तेल के दीये से दिन की उम्मीद न कर
चिराग-ए-इश्क को लहू से जलाना पड़ता है।।
मौसम के मोहताज इरादों से सांसे नहीं चलती
बुलंद इरादों से हरेक मौसम बदलना पड़ता है।
हरीश स्वयं में एक गायक व वादक भी हैं, जिन्होंने

अपने ही गीतों को सुंदर आवाज दी है।

ललित कलाओं में इनकी विशेष रुचि है। चित्र, शिल्प, मृत्तिका, व वास्तु आदि कलाओं पर इनका वर्चस्व है। यह कला, साहित्य, दर्शन व विज्ञान के उद्भुत व्यक्तित्व हैं। चित्र कला में एक नई 'संगम शैली', निरदोजी, हिरौनी आर्ट को इन्होंने उत्पन्न किया है। बचपन में पाषाण को काटकर मूर्तियां बना देते थे तथा मृत्तिका से प्राचीन मोहरें व भित्ति चित्र बना देते थे। इनकी प्रमुख कृतियां है-पशुपति, सरोवर, धनुष आदि। मस्तिष्क की कोई सीमा नहीं होती इन्होंने कई यंत्रों व वस्तुओं का भी आविष्कार किया है। घर में इनके एक 'धेनुकक्ष' था, जो इनकी प्रयोगशाला भी थी। इन्होंने पुष्पों से कई औषधियां, इंजन आदि बनाए थे। बीजों के संरक्षण हेतु बीजों के संरक्षण हेतु बीज बैंक की भी स्थापना की थी। प्राचनी भाषाओं की उद्विकास आदि का भी इन्हें ज्ञान है।

हरीश के नाम कई विश्व रिकार्ड है। पुस्तक आई पर सबसे छोटे शीर्षक वाली किताब का रिकार्ड है।

सर्वाधिक संस्थाओं की सदस्यता

वर्ष 2014 में इन्हें यह रिकार्ड मिला है। अब तक सर्वाधिक सोसायटी, संगठनों व संस्थानों के यह सदस्य है जिसमें अनेकों राष्ट्रीय व अन्तर्राष्ट्रीय महत्व के संगठन है, जो इनके विचारों से सलाह लेते हैं।

सर्वाधिक पदों पर कार्य करने वाले युवा

यह विश्व के ऐसे युवा हैं, जिन्होंने सबसे कम उम्र में सर्वाधिक पदों पर कार्य किया है तथा उन पदों पर रहते हुए अपनी विभिन्न जिम्मेदारियों को सफलतापूर्वक निभाया है। इनका यह रिकार्ड विश्व के 100 सर्वश्रेष्ठ रिकार्ड में शामिल हैं। यह रिकार्ड इंडिया बुक ऑफ रिकार्ड में दर्ज है।

हरीश कुटी

हरीश कई वर्ष महादेवचट्टी में रहे, जो गंगा के किनारे स्थित है। यह पुराने बद्रीनाथ मार्ग पर एक आश्रय स्थल के रूप में था। यहां जिस कक्ष में हरीश कुछ समय रहा करते थे उसे अब उत्तराखंड सरकार के सहयोग से एक पर्यटक स्थल के रूप में विकसित कर दिया गया है। यह कक्ष ही हरीश कुटी है।

राष्ट्रीय महादंगल

संभल के गुन्नौर क्षेत्र में हरीश के पैतृक गांव न्यौरा-ब्यौरा में प्रतिवर्ष दंगल लगता है, जिसमें विभिन्न प्रांतों से पहलवान कुश्ती प्रतियोगिता में भाग लेने आते हैं। हरीश से प्रति वर्ष इस महादंगल का उद्घाटन करते हैं तथा उनकी सहमति से कार्यक्रम निर्धारित किया जाता है। उन्होंने इस दंगल को आधिकारिक मान्यता भी दिलवाई है। वर्ष 2019 के महादंगल में श्री अजय पाल जी के साथ मैं स्वयं भी शामिल हुआ था। गंगा की पावन भूमि पर गया। यहां करीब पचास हजार से ज्यादा लोगों की भीड़ एकचित थी। सबसे ज्यादा भीड़ हरीश को देखने व सुनने के लिए आई हुई थी। सांस्कृतिक तौर पर स्वागत हुआ। कार्यक्रम बहुत ही

भव्य था। मुख्य अतिथि के तौर पर हरीश ने फीता काटकर दंगल का आरंभ किया। इस अवसर पर हरीश ने ग्रामीण विकास पर बहुत ही सुंदर व्याख्यान दिया। यह भी बताना चाहता हूं वर्ष 2020 में हरीश अपने क्षेत्र में होली पर्व पर आए। लोगों में बड़ा उत्साह था। गांव में होली फिर से परंपरागत तौर से बनाई गई। चौपाल पर सब एकत्रित हुए। होली गाई गई तथा प्रसिद्ध चरक नृत्य किया गया। पुराने समय में यह नृत्य किया जाता था तो पांव की थाप से जमीन हिलने लगती थी।

5

ग्रामीण विकास

<u>उद्यमिता विकास</u>

डॉ. हरीश यादव ने भारत सरकार में रहते हुए विभिन्न जिम्मेदारियों को बखूबी निभाया तथा नए सुधार व अन्वेषण भी किए ताकि सरकारी योजनाएं लोगों तक पहुंच सके।

आरंभ में इन्होंने भारत सरकार के स्वायत्त तकनीकी संस्थानों का कार्य देखा। देश भर में विभिन्न उत्पादों के विशेष तकनीकी संस्थान हैं जो तकनीकी विकास व उत्पाद विकास के क्षेत्र में कार्य कर रहे हैं। इनके प्रशासनिक कार्यों को देखते हुए इन्होंने कई सुधार किए। संस्थानों में अनावश्यक झगड़ों को सुलझाया तथा कौशल विकास को बढ़ाने के लिए कार्य किया।

वर्ष 2014 में अवसंरचनात्मक व औद्योगिक विकास का कार्यभार इन्हें मिला, जिसमें सम्पूर्ण देश में औद्योगिक विकास से संबंधित योजनाएं थी। यह देश के 13 राज्यों के औद्योगिक अवसंरचना विकास के प्रभारी रहे हैं। जिनमें प्रमुख राज्य हैं-उत्तर प्रदेश, उत्तराखंड, हिमाचल प्रदेश, पश्चिम बंगाल, केरल, असम, सिक्किम, मणिपुर, मिजोरम, नागालैंड, मेघालय व अरुणाचल प्रदेश। औद्योगिक विकास हेतु राज्य सरकारों को अनुदान प्रदान किया।

उत्तर प्रदेश में बनारस में ग्लास बीड्स, वस्त्रोद्योग, बरेली में वस्त्रोद्योग, मेरठ में कैंची उद्योग, खलीलावाद के बखीरा में वर्तन उद्योग, बदायूं में जरी उद्योग, उन्नाव में जरी उद्योग आदि हेतु योजनाएं स्वीकृत करवायीं तथा वहां आधुनिक मशीनों व प्रशिक्षण केंद्र से व्याप्त सामान्य सुविधा केंद्रों की स्थापना हेतु प्रयास किए।

औद्योगिक आस्थानों के विकास हेतु राज्य सरकारों को धनराशि भी प्रदान की गई। मेरठ के परतापुर, आगरा के ननुहाई, फिरोजाबाद, उत्तराखंड के सिड़कुल (हरिद्वार), केरल के मल्लापुरम आदि में परियोजनाओं हेतु धन स्वीकृत करवाया। देश के पूर्वोत्तर राज्यों के छोटे उद्यमियों के हित के लिए कार्य किया जिससे मिजोरम व मणिपुर सरकारों ने इन्हें सम्मानित भी किया है।

अपने कार्यकाल में बेहद ईमानदार रहे। इन्होंने फर्जी व अनुचित प्रस्तावों के प्रति सख्ती बरता तथा कई घोटालों को बेनकाव कर कार्यताही करतारी है। इन्होंने इस बात पर विशेष ध्यान दिया कि आवंटित अनुदान राशि राज्यों के माध्यम से लाभार्थियों तक पहुंचे। इन्होंने भ्रष्टाचार को रोकने हेतु हर संभव प्रयास किया है। कमजोर व सीमांत उद्यमियों की समस्याओं को सुना तथा मदद की है।

कृषि के पश्चात लघु उद्योग सर्वाधिक रोजगार देने वाला क्षेत्र है। सकल घरेलु उत्पादन का 40 प्रतिशत इसका योगदान है। करीब 51 प्रतिशत लघु इकाइयां ग्रामीण क्षेत्र में हैं। रोजगार व निर्यात की विराट सम्भावनाएं लघु उद्योगों में है।

डॉ. हरीश का कहना है कि गांवों में कृषि के साथ-साथ लघु व ग्रामोद्योगों के विकास द्वारा ग्रामीणों को समृद्ध किया जा सकता है। अपने कार्यकाल में इन्होंने सरकारी योजनाओं की प्रक्रिया को सरल बनाया है। सरकारी योजनाओं का दायरा बढ़ाया। डिजिटल प्रयोग के द्वारा भ्रष्टाचार पर रोक लागई है तथा पारदर्शिता बढ़ाई है। उनके समय में आरंभ में कुछ कार्य है:-

1. एमएसएमई के शीघ्र व सरल पंजीकरण की प्रक्रिया उद्योग आधार आरंभ हुई, जिसमें ऑनलाइन पंजीकरण है। इससे भ्रष्टाचार व लेटलतीफी पर अंकुश लगा है।

2. उद्यमियों की परस्पर जानकारी तथा तथ्यों के लिए 'एमएसएमई डाटा बैंक' की स्थापना की गई।

3. उद्यमियों के बकाये धन को दिलवाने हेतु तथा त्वरित न्याय हेतु 'समाधान' वेब पोर्टल का निर्माण हुआ है।

4. अनुसूचित जाति व अनुसूचित जनजाति में उद्यमिता को बढ़ाने हेतु अनुसूचित जाति, अनुसूचित जनजाति हब बनाया गया है।

5. छोटे उद्यमियों का सामान केंद्रीय सार्वजनिक संस्थान खरीदें, इसके लिए 'सम्बन्ध' पोर्टल विकसित किया गया है।

हिंदुस्तान में सरकारी योजनाओं व कार्यक्रमों की जानकारी लोगों को बहुत कम है। इस तथ्य से डॉ. हरीश भली-भांति परिचित हो। इन्होंने प्रचार हेतु विभिन्न कार्य भी किए। वर्ष 2016 में भारत सरकार की पत्रिका अद्यतन जानकारी सहित उद्यमियों, नवयुवकों व लोगों को सरकारी योजनाओं की जानकारी दे रही है।

6

उद्‌योगों पर कार्य

<u>सूखे की समस्या</u>

एक प्रसंग यहां पर बताना चाह रहा हूं कि वर्ष 2001 के आस-पास की घटना है। देश में सूखे की समस्या से सामना करना पड़ा। ग्रीष्म काल में गर्मी बढ़ती जा रही थी और कहीं भी वर्षा का कोई नामोनिशां नहीं था। फसलों पर भी संकट आ गया था।

हरीश उस समय देश की आर्थिक सामाजिक समस्याओं पर नजर रखे हुए थे। उनके साथ विभिन्न विचारधाराओं वाले लोग हुआ करते थे। कम्युनिस्ट, कांग्रेसी व भाजपा आदि विभिन्न लोगों से वह यही कहते थे कि किसी भी दल या कॉम से बड़ा जनहित होता है। राष्ट्र लहू के मोल जीवित रहते हैं।

वर्ष के इंतजार में समय बीत रहा था और सूखे की समस्या का कोई हल नहीं निकल पा रहा था। तब उन्होंने अपने मित्रों रूप सिंह, सचिन व ब्रजेश आदि से कहा कि जब भौतिक तत्वों से समस्या का हल न निकले तब अधि भौतिकी साधनों का सहारा लिया जाता है। मैं एक दिन का पूर्ण निर्जल उपवास रखूंगा।

अगले दिन सुबह से लेकर शाम तक निर्जल व्रत रखा और वर्षा हेतु प्रार्थना की। हरीश ने जल को हाथ में लेकर कहा था कि ''यदि तुम वर्षा के रूप में नहीं बरसोगे तो मैं तुम्हारा त्याग करता हूं।'' अगले दिन आसमान में बादल छा गए और वर्षा होने लगी।

<u>युवा संसद-</u>

वर्ष 2019 में नेपाल की राजधानी ग्लोबल यूथ पार्लियामेंट नामक संस्था ने विश्व युवा सम्मेलन का आयोजिन किया। इसमें विभिन्न देशों के प्रभावशाली व अग्रणी युवा पहुंचे थे। यू.एस.ए., जर्मनी, फ्रांस, अफ्रीका, श्रीलंका आदि विभिन्न देशों से 100 से ज्यादा प्रतिनिधि पहुंचे थे। युवा सम्मेलन का आयोजन किया गया। नेपाल के राष्ट्रीय सभागार में एक विशाल कार्यक्रम का आयोजन किया गया, जिसमें हजारों की संख्या में लोग शामिल थे। युवाओं और विद्यार्थियों की संख्या ज्यादा थी।

नेपाल के प्रधान मंत्री, मुख्य न्यायाधीश, नेतागण व कलाकार भी उपस्थिति दिए। इस कार्यक्रम में प्रतिष्ठित ग्लोबल यूथ लीडरशीप अवार्ड 2019 दिया जाना था। नेपाल के प्रधान मंत्री झालानाथ खनाल ने डॉ. हरीश को विशाल कार्यक्रम में इस अवार्ड से पुरस्कृत किया। ज्यों ही वह पुरस्कार लेने मंच पर आए। सभी लोग खुशी से तालियां बजाने लगे। युवा उन्हें देखने के लिए बहुत लालायित थे। डॉ. हरीश ने इस पुरस्कार को पूरी दुनिया के युवाओं का सम्मान बताया।

विभिन्न देशों से आए युवाओं से हरीश की बहुत अच्छी मित्रता हो गई थी। दिन में सम्मेलन में महत्वपूर्ण मुद्दों पर विचार-विमर्श होता था तथा शाम को वो लोग घूमने जाते थे। इसी दौरान इनकी मित्रता हॉलीवुड की अभिनेत्री लॉज मारिया से भी हुई। ग्लोबल यूथ पार्लियामेंट के अध्यक्ष दिवाकर अयलि ने डॉ. हरीश का आभार भी व्यक्त किया।

हॉलीवुड की अभिनेत्री का आना

हरीश के अदभूत व्यक्तित्व के लाखों अनुयायी (फैन) हैं ऐसी ही हैं हॉलीवुड की अभिनेत्री सामाजिक कार्यकर्ता लॉज मारिया जो हरीश से इतनी प्रभावित हुई कि अमेरिका से चलकर हरीश से मिलने हिंदुस्तान आ पहुंची और सीधे नई दिल्ली आ गई। उन्हें भारतीय संस्कृति में भी रुचि है। दिवाकर अयलि ने उन्हें कह दिया कि भारतीय संस्कृति का साक्षात्कार हैं हरीश। तो वह हरीश की दीवानी हो गई। कई दिन उनके पास रहीं। कई जगह घूमीं। हरीश ने उन्हें भारतीय संस्कृति के उस तत्व को बताया जो अद्वितीय है अर्थात शाश्वतता के साथ आनंद और नवीनता, जो अन्य किसी संस्कृति में नहीं है।

भारतीय गीतों को सुनते हुए उन्होंने कहा कि शब्द और अर्थ तो उसी भाषा का जानकार समझ सकता है, किंतु संगीत हर कोई समझ सकता है। पूरे विश्व में हरीश की ख्याति फल चुकी है। विभिन्न क्षेत्रों के लोग इनको देखने व सुनने के लिए आना चाहते हैं।

गायक व अभिनेता

विभिन्न गुणों से सम्पूर्ण हरीश अद्भुत हैं। कवि के साथ-साथ एक गायक व युवा भी हैं। इनका एक गीत जिसे इन्होंने स्वयं गाया था लोगों द्वारा बहुत पसंद किया गया। इसे 'खादी गीत' कहते हैं। जिसमें खादी की महिमा का वर्णन था। यह इनके देश की मौलिक चीजों से लगाव को दर्शाता है।

बचपन में 'वन रक्षक' फिल्म में अभिनय व निर्देशन किया तो जब भी समय मिला कुछ फिल्मों में भी काम किया। इनके अभिनय का कोई जवाब नहीं हैं।

युवाओं के आइकॉन

हरीश युवा समाज के आइकान हैं तथा युवा वर्ग में अत्यंत लोकप्रिय हैं। यह जहां भी जाते हैं, लोग इन्हें देखने व सुनने के लिए उमड़ पड़ते हैं। चाहे कश्मीर से लेकर केरल या गुजरात से लेकर नागालैंड, मणिपुर की सुदूर वादियां हों। लोग इन्हें जानते हैं।

सदा से ही इन्होंने युवा सशक्तिकरण के लिए कार्य किया है। यूनेस्को बैंकाक तथा विश्व बैंक द्वारा आयोजित सेमिनार में इन्होंने एक नया मॉडल विक्टरी (VICTORY)

प्रस्तुत किया था जो युवाओं का सामाजिक समावेश बढ़ाने के लिए मददगार था। एशियाई विकास बैंक, विश्व बैंक तथा संयुक्त राष्ट्र संघ आदि विभिन्न महत्वपूर्ण संस्थानों, विश्व विद्यालयों व अनुसंधान संस्थानों द्वारा इन्हें महत्वपूर्ण कार्यक्रमों पर बुलाया जाता है।

वर्ष 2016 में भारतीय विकास फाउण्डेशन ने इन्हें सामाजिक अम्बेडर नियुक्त किया है ताकि संस्थानों के कार्य प्रभावी ढंग से सफल हो सकें। देश के आर्थिक सामाजिक विकास को प्रभावी बनाने तथा युवाओं की भागीदारी बढ़ाने हेतु यह पद इन्हें प्रदान किया गया है।

निर्णायक कार्य

समाज के अभावग्रस्त, सीमांत व कमजोर वर्गों के प्रति हरीश कार्य करते आ रहे हैं। गरीबों के प्रति इनके मन में सदैव दया का भाव रहता है। सरल व खुले विचारों के है। जो जाति, पंथ से ऊपर महान विचारों के स्वामी हैं। निष्पक्ष न्याय करने वाले हैं।

भ्रष्टाचार व बुराइयों के प्रति सदा संघर्ष करते आ रहे हैं। जब इनका जनता दरबार लगता है, तो विभिन्न लोगों की समस्याओं को यह सुनते हैं।

एक बार बिहार के कुछ गांव में राशन माफिया सक्रिय थे। एक भ्रष्ट राशन डीलर गांव के कुछ लोगों को राशन नहीं दे रहा था। एक वर्ष का उनके अनाज का कोटा किसी और को फर्जी हस्ताक्षर के द्वारा बेचा जा रहा है। ग्रामीणों ने जिला पूर्ति अधिकारी, जिलाधिकारी व सांसद सहित कई लोगों तक अपनी समस्या की गुहार लगाई किंतु भ्रष्ट राशन माफिया नहीं मान रहा था। वह किसी भी कीमत पर उन्हें अनाज नहीं देने को तैयार था। एक दिन उस गांव का एक लड़का जो नई दिल्ली में ड्राइवर था, हरीश से उनके कार्यालय में मिला और अपनी पूरी बात उन्हें बताई। हरीश ने उसकी बात सुनकर आश्वासन दिया। इस संदर्भ में उन्होंने सख्त कार्यवाही करवायी तथा उच्च अधिकारियों को चेतावनी दी। फलत: राशन डीलर पर दस हजार का जुर्माना लगाया गया और उसका लाइसेंस भी रद्द कर दिया गया।

घटना गुन्नौर तहसील की है। जहां करीब 40 आंगनबाड़ी कार्यकर्ताओं का वेतन एक वर्ष से नहीं आ रहा था। भ्रष्ट लोगों की वजह से आंगनबाड़ी सेविकाएं परेशान थीं। तहसील पर कार्यरत बाल विकास परियोजना अधिकारी पुस्टाहार के बदले इनसे उगाही करती थी। एक बार जब हरीश क्षेत्र में भ्रमण करने पहुंचे तब आंगनबाड़ी कार्यकर्ताओं ने उनसे मुलाकात की तथा अपनी समस्या बताई। हरीश जी ने समस्या को गंभीरता से लेते हुए पुष्टाहार निदेशालय, लखनऊ से बात की तथा आंगनबाड़ी कार्यकर्ताओं का रूका हुआ वेतन निकलवाया तथा भ्रष्ट लोगों पर दण्डात्मक कार्यवाही करवायी।

जैविक खेती का प्रसार

इसके व्यापक प्रसार के लिए इन्होंने प्रयास किए। कृषकों के स्वयं सहायता समूह बनाकर मदद प्रदान की जाती है। नेशनल मिशन फॉर क्लीन गंगा के तहत नमामि गंगे के प्रमुख कार्यक्रम का समर्थन किया है, जिसमें गंगा बेसिन के साथ लगे गांव में जैविक खेती को बढ़ावा दिया गया है, जिसमें प्रत्येक ग्राम पंचायत एकल क्लस्टर का प्रतिनिधित्व करती है।

ग्राम्य संस्कृति संग्राहलय

गांव की संस्कृति के संवर्धन, वैदिक काल के प्रमुख तत्वों की महत्ता के लिए संग्राहलय का आरंभ किया। इसमें चित्रकला, शिल्प कला, आभूषण, हथियार, वास्तु कला व उपकरण आदि को प्रदर्शित किया जाएगा ताकि विदेशी लोगों के शोध के काम भी आ सके।

इनका गांव न्यौरा, जिसे मॉडल गांव के रूप में विकसित करने की योजना बनाई थी। पहला ऐसा गांव है, जिसकी अपनी आधुनिक वेबसाइट है तथा जिसका अपना क्यू.आर. कोड है। इसे स्कैन कर गांव की समस्त जानकारी प्राप्त की जा सकती है।

एक नई पहल के तह ही इन्होंने क्षेत्रीय कलेण्डर को निकाला, जो ग्रामीण विषय पर आधारित रहता है। वर्ष 2020 के कैलेण्डर की थीम थी-ग्रामीण खेल कूद। समय-समय पर लोगों को विभिन्न कर्तव्यों से जाग्रत करवाते हैं, जिन्हें अष्ट सूत्र कहा जाता है।

कोविड काल

वर्ष 2020 में विश्व की सबसे बड़ी महामारी ने पूरी दुनिया को प्रभावित कर दिया। पूरे विश्व में लॉकडाउन लग गया। कारखाने व उद्योग बंद हो गया। यातायात के साधन बंद हो गए। होटल आदि व्यवसाय पूरी तरह ठप हो गए। इस काल में हरीश ने जनता की मदद के लिए कार्य किए। सरकारी सहायता लोगों तक पहुंचाई व इनकी निगरानी भी की। कई संस्थाओं ने कोरोना योद्धा के रूप में इन्हें सम्मानित भी किया।

कोरोना काल में बहुत बड़ी आबादी बेरोजगार हो गई। दिल्ली के एक पंच सितारा होटल ने अपनी कंपनी के कई कर्मचारियों को नौकरी से निकालना आरंभ कर दिया। उन्हें दो महीने का वेतन भी नहीं दिया और त्याग पत्र लिखवाने का दबाव बनाने लगे। इस होटल में अधिकांश पूर्वोत्तर क्षेत्र की लड़कियां थी, जो आर्थिक रूप से कमजोर थी। इन्होंने हरीश से सम्पर्क किया तो हरीश ने होटल प्रबंधन के खिलाफ श्रम आयुक्त, नई दिल्ली के द्वारा कार्यवाही करवायी। फलत: होटल प्रबंधन को झुकना पड़ा। होटल ने नौकरी से निकालने का आदे वापिस ले लिया तथा सभी का दो माह का वेतन भी प्रदान कर दिया।

खगोलीय कार्य

लूम यूनिवर्स संस्था की कई खगोलीय परियोजनाओं पर इन्होंने अपना योगदान दिया। ग्रहों से प्राप्त चित्रों पर विश्लेषण किया। हाल ही में मंगल ग्रह के दोनों ध्रुवों पर कार्बन-डाई-ऑक्साइड गैस तथा अन्य निक्षेपों व प्रक्रिया का विश्लेषण किया और अपने निष्कर्षों को भेजा।

कलाकारों को संरक्षण

कला व संस्कृति में हरीश को प्रगाढ़ रुचि है। वो मानते हैं कि सृष्टि की सुंदरता की अभिव्यक्ति कला है। हरीश ने देश में लोक कला जैसे आल्हा, नौटंकी आदि के कलाकारों की आर्थिक स्थिति सुधारने व लोक कला के संरक्षण के लिए भारत सरकार के संस्कृति मंत्रालय से बात आरंभ की। उनके प्रयासों से संस्कृति विभाग ने कलाकारों के लिए वजीफे की घोषणा की। संगीत नाटक अकादमी के उपसचिव ने हरीश को पत्र लिखकर बताया कि कलाकारों के

विवरण मिलते हैं, उन्हें मदद प्रदान की जाएगी।

अर्क क्षेत्र

पश्चिमी उत्तर प्रदेश में गंगा के आस-पास के ब्रज भाषा संस्कृति क्षेत्र की पहचान मजबूत करने के लिए। लोक संस्कृति के संरक्षण के लिए हरीश ने उस क्षेत्र को एक नया नाम दिया अर्क क्षेत्र। इस क्षेत्र की संस्कृति के उन्नयन हेतु अर्क क्षेत्र सांस्कृतिक परिषद की स्थापना की गई है। इसमें गुन्नौर, सहसवान, बिल्सी आदि क्षेत्र शामिल हैं।

भारत-गौरव

जनवरी, 2021 में डॉ. हरीश को देश के प्रतिष्ठित भारत गौरव अवार्ड से सम्मानित किया गया। भारत गौरव फाउन्डेशन द्वारा सरकारी सेवा में उत्कृष्ट कार्य करने पर इन्हें चयनित किया था। नई दिल्ली में एक भव्य समारोह में केंद्रीय इस्पात मंत्री, भारत सरकार, श्री फगन सिंह कुलस्ते ने यह पुरस्कार प्रदान किया। इस अवसर विभिन्न सांसद, मंत्री व गणमान्य व्यक्ति उपस्थित थे।

ग्लोवल यूथ लीडरशीप अवार्ड 2019

युवा द्वारा किए गए उल्लेखनीय कार्य व अपने प्रयासों से विश्व के युवाओं का नेतृत्व करने के कारण अंतर्राष्ट्रीय संस्था ग्लोवल यूथ पार्लियामेंट ने वर्ष 2019 का हरीश को ग्लोवल यूथ लीडरशीप अवार्ड प्रदान किया।

काठमाण्डू में आयोजित विशाल कार्यक्रम में विश्व के विभिन्न देशों के युवा, राजनेता व गणमान्य व्यक्ति आए हुए थे। नेपाल के प्रधान मंत्री ने उन्हें यह अवार्ड प्रदान किया।

विश्व बैंक के शोध पत्र

मार्च, 2019 को विश्व बैंक द्वारा आयोजित होने वाली कॉन्फ्रेंस में हरीश का शोध पत्र चुना गया। इस कॉन्फ्रेंस का विषय था- ''भूमि और गरीबी पर विश्व बैंक की कॉन्फ्रेंस। इसमें पूरे विश्व से हजारों शोध पत्र चुना गया जिसका शीर्षक था- ''भारत में भूमि नीति व राजनीतिक अर्थव्यवस्था।

अपने शोद्य में इन्होंने भारत में जमीन से संबंधित नीति के प्रभावों का विश्लेषण किया तथा यह बताया कि किस प्रकार एक सशक्त नीति के द्वारा गरीबी को कम किया जा सकता है।

विश्व की शान डॉ. हरीश यादव

तेजस्वी, परोपकारी व राष्ट्रोउपयोगी विचारधारा का युवा, विवेकानन्द जैसे विचारों वाला नायक अपने प्रयासों से राष्ट्र और गाँव को संवार रहा है। न केवल देश बल्कि विश्व इनकी सराहना कर रहा है। बहुआयामी क्षेत्र में कीर्तिमान स्थापित करने वाला नाम है – डॉ. हरीश यादव, जो केन्द्रीय सिविल सेवा के अधिकारी हैं तथा नई दिल्ली स्थित उद्योग मंत्रालय में सहायक निदेशक हैं।

जब अवकाश वाले दिन लोग सैर सपाटा करते हैं तब हरीश अपने समय को दूर दराज के गाँवों में लोगों के साथ बिताते हैं। उनकी समस्याएं सुनते हैं तथा विपरीत परिस्थिति में भी

अपने सीमित संसाधनों से लोक कल्याण के कार्य करते हैं।

गुन्नौर, सम्भल का सूर्य विश्व को अलोकित कर रहा है। उद्यमिता, विकास, ग्रामीण विकास पर कार्य कर रहे हैं। भारत सरकार के उच्च मंत्रालयो में कार्य करने के बाद भी गांव की माटी को भी नहीं भूले।

विश्व बैंक यूनेस्कों आदि विभिन्न संस्थानों व विश्व विद्यालयों में इनके शोध पत्र सम्मिलित हुए हैं कई रिपोर्ट में इन्होंने योगदान दिया है। विश्व भ्रातृत्व व विश्वरूपम् की मान्यता को सराहा गया है। अफ्रीका के दो देशों ने इनके विचारों को अपनी नीति में मान्यता दी है।

सबसे कम उम्र में सर्वाधिक पदों पर कार्य करने का विश्व रिकॉर्ड भी इनके नाम है। ग्रामीण विकास, श्रमिकों, क्षेत्रीय विकास, युवा सशक्तिकरण पर इनके कार्य पर इन्हें नेपाल के प्रधानमंत्री द्वारा अन्तर्राष्ट्रीय यूथ लीडरशीप अवार्ड 2019 में दिया गया।

योजनाओं को प्रभावी बनाने तथा सही कार्यान्वयन इनकी प्राथमिकता रही है। भ्रष्टाचार के प्रति सख्त हैं तथा विपरीत परिस्थितियों में भी सत्य का साथ नहीं छोड़ते हैं। कई भ्रष्टाचार के केसों को सुलझाया तथा कार्यवाही करवायी है। एम समय में 10 प्रस्तावों को जिनमें नियमों का पालन नहीं हो रहा था, उन्हें निरस्त करवा दिया था।

एक लेखक के रूप में इन्होंने कई रचनाएं रची हैं। विविध विषय पर पुस्तकें, शोधपत्र प्रकाशितत हुए हैं। 'आई' नाम की पुस्तक पर राष्ट्रीय रिकॉर्ड प्राप्त हैं। विदेशों में इनके प्रभावशाली मित्र हैं। बॉलीवुड की अभिनेत्री लॉज मारिया इनसे इतनी प्रभावित हुई इनसे मिलने न्यूयॉर्क से दिल्ली आ गईं। राष्ट्रीय मुद्दों पर जब इन्हें लगता है कि अन्याय हो रहा है, तब बेबाकी से आवाज उठाते हैं। भू-अध्यादेश में भू-बैंक का प्रावधान इनके सुझावो से सम्मिलित हुआ है। फसल बीमा योजना, सूखी नदियों का डाटाबेस तथा सतत ग्राम्य विकास में इन्होंने मुख्य भूमिका निभाई हैं। एक सम्पन्न व सुखी राष्ट्र और विश्व चाहते हैं। राजकीय महाविद्यालय, ऋषिकेश से इन्होंने परास्नातक पूर्ण किया है तथा पी.एच.डी. व डी लिट् हैं।

रॉयल कॉमन वेल्थ सोसाइटी

रॉयल कॉमन वेल्थ सोसाइटी, लन्दन द्वारा विश्व स्तर पर सांस्कृतिक व शैक्षिक कार्यक्रम किये जाते हैं, जिसकी अध्यक्षता ब्रिटेन की महारानी करती हैं | रॉयल कॉमन वेल्थ सोसाइटी ने विशेष तौर पर हरीश को एक कार्यक्रम में जज के रूप में आमंत्रित किया | इस प्रतियोगिता में हरीश जज बने तथा अंतर्राष्ट्रीय प्रतिभागियों के निबंधों का इन्होने मूल्यांकन किया |

विभिन्न अंतर्राष्ट्रीय संस्थाओं द्वारा इन्हें निर्णायक के रूप में आमंत्रित किया जाता है |

संस्कृति प्रोत्साहन

ललित कलाओं में विशेष रुचि के साथ-साथ इन्होने कलाकारों को भी प्रोत्साहित किया है | वर्ष २०२१ में उड़ान संख्या द्वारा आयोजित चित्र कला कार्यशाला में विशेष अतिथि के रूप में इन्होने कार्यक्रम का शुभारम्भ किया तथा चित्रकारों को पुरस्कार प्रदान किये | बबराला में गंगा नदी के किनारे चित्रकारों ने चित्रण किया था | उड़ान संस्था की अध्यक्षता ममता राजपूत ने इनका आभार प्रकट किया |

7
अद्भुत प्रसंग

<u>अर्थ आवर के सुपर हीरो</u>

विश्व प्रकृति निधि (WWF) के द्वारा अर्थ आवर अभियान में भाग लिया। इस अभियान का उद्देश्य बिजली के अन्धाधुंध प्रयोग, अपव्यय व पर्यावरण पर पड़ रहे नुकसानों से लोगों को चेताना था ताकि पर्यावरण व असली जरुरतों के अनुसार ऊर्जा का प्रयोग हो सके। इनके एक फोटोग्राफ शीर्षक 707 पर अंतर्राष्ट्रीय फोटोग्राफी अवार्ड भी प्राप्त हुआ है।

<u>ग्राम-चौपाल</u>

संयुक्त राष्ट्र की शाखा खाद्य एवं कृषि संगठन के तहत हरीश को कृषि परामर्शदात्री के वैश्विक फोरम में इन्हें बतौर विशेषज्ञ मनोनीत किया गया है, जिसमें यह भारत सहित एशिया उपमहाद्वीप का प्रतिनिधित्व किया है। इसमें इन्होंने ग्राम्य विकास, क्षमता संवर्धन, कृषि विकास व शिक्षा आदि पर विश्व परिषद के समक्ष अपने सुझाव प्रस्तुत किए हैं।

जब हरीश क्षेत्रों में विचरण करते हुए ग्राम्य क्षेत्रों में लोगों से मिलते हैं, तब उनसे मिलने हजारों की तादाद में लोग आ जाते हैं, इससे ग्राम-चौपाल लग जाती है, जहां यह लोगों ने उनकी बात सुनते हैं और उनके दुख दूर करने का प्रयास करते हैं जो लोग दुष्ट व भ्रष्टाचारी हैं उन पर हरीश सख्त हैं। भारतीय संस्कृति के साथ सच्चा समाजवाद इनके दर्शन में समाहित है। लोग 'नायक' व 'दिव्यराट' के नाम से भी बुलाते हैं।

<u>विश्व युवा संसद</u>

वर्ष 2018 में जनवरी 13 से 14 तक नेपाल की राजधानी काठमाण्डू में विश्व युवा संसद का आयोजन हुआ जिसका आयोजन संयुक्त राष्ट्र विकास कार्यक्रम के सहयोग से किया गया था, जहां हरीश ने भारत का प्रतिनिधित्व किया। इस सम्मेलन का विषय था- ''मिले नियम विकास, लक्ष्यों को प्राप्त करने में सतत शांति व समान विकास के लिये युवाओं की भागीदारी''। इसमें पुरी दुनिया से लोग आये थे। संयुक्त राज्य अमेरिका, जर्मनी, आस्ट्रेलिया

व पोलैण्ड आदि देशों से काफी वरिष्ठ नेता भी आये थे।

इस अवसर पर डॉ. हरीश ने शांति और विकास में युवाओं की भागीदारी पर ऐतिहासिक भाषण प्रस्तुत किया। इन्होंने कहा कि शांति केवल अहिंसा व युद्ध का अभाव नहीं है बल्कि अन्याय विषमता का अभाव ही असली शांति है। विकासशील देशों को यही चाहिये। इस अवसर पर नेपाल के मुख्य न्यायधीश व अंतरिम प्रधानमंत्री श्री खिलराज रेग्मी ने वार्ता की तथा सम्मानित किया नेपाल का युवा वर्ग हरीश से काफी प्रभावित था। नाइजीरिया से आये प्रतिनिधियों ने कहा कि आपसे हमें बहुत उम्मीदें हैं, हम चाहते हैं कि अफ्रीकन लोगों की आप रक्षा करवायेंगे।

डिजिटल चौपाल

01 सितम्बर को गांव न्यौरा में गांव की वेबसाइट का लोकार्पण हुआ। आयोजन गांव की बड़ी चौपाल पर किया गया था। इस चौपाल की भूमिका 1857 की क्रांति में रही है। यू.एस.ए. से आई बहिन मनीषा सिंह ने वेबसाइट का उद्घाटन किया। विशाल जनसमूह इस अवसर पर मौजूद था। स्थानीय प्रशासन के सभी अधिकारी भी मौजूद थे। मनीषा सिंह ने गांव की अध्ययनरत लड़कियों को पुरस्कार भी प्रदान किए। कमाल की बात है कि वर्षा होने के बावजूद लोग सभा से नहीं हिले।

अजय पाल सिंह जी ने अपने अभिभाषण में महिला शिक्षा पर जोर दिया। उन्होंने कहा कि लड़के भले ही शराब पीते, जुआ खेलते, चोरी करते दिख जायेंगे लेकिन ग्रामीण लड़कियां ऐसा करते नहीं दिखती। पूरा समाज व क्षेत्र उत्साहित था। सच्चाई का उजाला दूर-दूर तक फैल रहा था। इसी दिन गांव में सभी ने मिलकर हरीश का जन्म दिवस भी मनाया जो ग्राम दिवस के रूप में प्रचलित हो गया।

गंगा-ग्राम

गंगा के संरक्षण व जैविक खेती में वृद्धि करने हेतु हरीश ने कई गांव को गंगा ग्राम के रूप में विकसित करवाया तथा लोगों में जागरुकता बढ़ायी।

क्लाइमेंट चेंज अम्बेसडर

जलवायु परिवर्तन पर विभिन्न देशों के युवा नेता हरीश के सम्पर्क में रहते हैं। अफ्रीकन बोर्ड ने इन्हें इस कार्य में सहयोग देने के लिये अम्बेसडर भी बनाया है। संयुक्त राष्ट्र संघ की नवीकरणीय ऊर्जा रिपोर्ट में भी इनका योगदान रहा है, जिसे रिपोर्ट ने भी इनके नाम के साथ प्रकाशित किया है।

उद्यमिता विकास

उद्यमिता विकास इनके कार्यों में रहा है। कृषि के पश्चात उद्योग ही है, जो लोगों को रोजगार के अवसर प्रदान करता है। उद्यमिता को पाठ्यक्रम में रखने के लिये इन्होंने प्रयास किये। बहुत ही कम समय में इन्होंने UNESCO-EE-NET Entrepreneurs Education Network के साथ कार्य किया, जिसका उद्देश्य उद्यमिता शिक्षा को बढ़ावा देना है। इसके तहत इन्होंने भारतीय चैप्टर की स्थापना की ताकि विश्व स्तर पर सभी देशों से जुड़ा जा

सके। देश में उद्यमिता बढ़ाने हेतु 'उद्यम की राह' नाम अभियान भी चला रहे हैं।

उद्यमिता के क्षेत्र में विशेषकर भार में कई बड़े कार्य इनके समय में हुये हैं जैसे-उद्यम रजिस्ट्रेशन की सरलता, एमएसएमई डाटा बैंक, ई-बिजनेस आदि।

8
अभियान

1. भू-अधिग्रहण विधेयक में भू-बैंक (Land Bank) को शामिल करना इनका सुझाव था, जिसमें अधिग्रहण में अप्रयोजित भूमि को 'भू-बैंक' में रखा जायेगा।

2. विश्व की पहली वन्य जीव अपराध रिपोर्ट के विमोचन समारोह में संयुक्त राष्ट्र संघ द्वारा आमंत्रित किया (6 जून, 2017)

3. Indian Development Foundation ने Social Ambassador नियुक्त किया। देश के आर्थिक-सामाजिक विकास को प्रभावी बनाने तथा युवाओं की भागीदारी बढ़ाने हेतु यह पद प्रदान किया गया है।

4. World Heritage Centre (UNESCO) ने अपने एक कार्यक्रम में शामिल किया, जिसमें विविध प्राचीन स्मारकों, प्राकृतिक क्षेत्रों आदि के लिये संरक्षण व प्रोत्साहन का कार्य होता है।

5. UNESCO-EE-NET Entrepreneurs Education Network की सदस्यता प्रदान की गई, जिसका उद्देश्य सम्पूर्ण विश्व में उद्यमशीलता शिक्षा को बढ़ावा देना है। इन्होंने इंडिया-चैप्टर की स्थापना भी की।

6. Many Languages, one world Global youth Forum हेतु संयुक्त राष्ट्र संघ मुख्यालय में एक कार्यक्रम के लिये आमंत्रित किया गया।

7. ''वैश्विक व्यापार विश्लेषण केंद्र'' कृषि अर्थशास्त्र विभाग, पुरडोय विश्वविद्यालय ने GTAP Net-work का सदस्य बनाया। इसका कार्य GTAP Model डाटाबेस नये प्रोजेक्ट आदि पर विचार विमर्श करना है ताकि कृषि अर्थव्यवस्था के परिप्रेक्ष्य में वैश्विक व्यापार का विश्लेषण किया जा सके।

8. अंतर्राष्ट्रीय शिक्षा संघ, यूनेस्को, बैंकाक के राष्ट्रीय सदस्य के तौर पर एशिया-पैसिफिक क्षेत्र का प्रतिनिधित्व किया। कई सम्मेलनों हेतु इनके रिसर्च-पेपर चुने गये। इनके विचारों को यूनेस्कों की शिक्षा रिपोर्ट में शामिल किया गया जिसमें 46 देशों के

शिक्षाविदों ने विचार-विमर्श किया था।

9. यूनेस्को बैंकाक तथा विश्व बैंक द्वारा आयोजित अंतर्राष्ट्रीय सेमिनार में इनका रिसर्च पेपर चयनित किया गया। थीम थी- 'वो तरीके जिनके द्वारा युवाओं का सामाजिक समावेश विकासशील देशों में बढ़ाया जा सके। इसी क्रम में इनके द्वारा बनाया गया VICTORY MODEL को सम्पूर्ण एशिया में मान्यता मिली जिसके द्वारा युवाओं की भागीदारी को बढ़ाया जा सकता है।

10. Global Forum on Food Security & Nutrition FSN (food & Agriculture organisation) में बतौर सदस्य शामिल किया गया। इस संगठन में खाद्य सुरक्षा व पोषणता से संबंधित मुद्दों पर विचार विमर्श व नई कार्य योजना बनाई जाती है।

11. डायलॉग फार क्लाइमेट एक्शन, 16 मई, 2017 में वियना में हुये वेबीनार में शामिल हुये।

12. 17 वर्ष की उम्र में भारतीय विज्ञान संस्थान, बेंगलूरू की परियोजना- 'प्रोजेक्ट लाइफस्केप'' पर कार्य किया। हिमालय की दुर्लभ वनस्पतियों व जीवों का डाटाबेस तैयार करवाया।

13. विश्व प्रकृति निधि के बतौर सदस्य के तौर पर वन्य जीवों के संरक्षण पर कार्य तथा जागरूकता हेतु प्रचार किया। विश्व सांस्कृतिक धरोहर संरक्षण ब्यूरो के कार्यों में योगदान दिया।

14. कम उम्र में तीन डाक्टरेट की उपाधि से सम्मानित हुये

15. 'उद्यम की राह' नामक मंच से लोगों को स्वरोजगार लगाने हेतु प्रेरित किया।

16. देश में नदी संरक्षण हेतु राष्ट्रीय स्तर पर नदियों व तालाबों का डाटाबेस तैयार करवाने की योजना लागू करवायी।

17. केंद्रीय सिविल सर्विसेस स्पोर्ट्स कल्चरल बोर्ड में एथलीट टीम के कैप्टेन रहे तथा भाग लिया। भारतीय एथलीट फेडरेशन के भी सदस्य हैं।

18. विभिन्न विश्वविद्यालयों द्वारा आयोजित वेबीनार/सेमिनारमें मुख्य अतिथि तथा की-नोट स्पीकर।

19. विश्व के युवाओं को एकसूत्र में जोड़ा तथा सामूहिक भागीदारी से निर्धारित लक्ष्यों की प्राप्ति हेतु एक कार्य योजना देकर प्रेरित किया।

20. मानसूनी वन अनुसंधान केंद्र की स्थापना की।

21. गांव के वास्तविक सांस्कृतिक, आर्थिक विकास हेतु 'ग्रामगौरव' अभियान चलाया।

22. 29वीं DIPP औद्योगिक संवर्धन व नीति विभाग, उद्योग व वाणिज्य मंत्रालय की चयन समिति में बतौर लघु उद्योग मंत्रालय का प्रतिनिधित्व किया।

23. लिटरेरी लेफ्टिनेंट की उपाधि स्टोरी मिरर द्वारा।

९
उल्लेखनीय कार्य

1. एम.ए. (अर्थशास्त्र), गढ़वाल विश्विवद्यालय, श्रीनगर (उत्तराखण्ड) गोल्ड मैडल, 2002
2. एम.ए. (हिंदी)-गढ़वाल विश्वविद्यालय, श्रीनगर
3. एम.फिल. (अर्थशास्त्र)-अलगप्पा विश्वविद्यालय, कराईकुडी (तमिलनाडु)
4. पी.एच.डी. (अर्थशास्त्र)-साईनाथ विश्वविद्यालय, रांची
5. डी. लिट्. (ऑनरेरी), आई.आई.सी.एम. संस्थान, चेन्नई
6. उर्दू साहित्य में डिप्लोमा-जामिया मिलिया इस्लामिया, दिल्ली
7. डिप्लोमा इन एग्रोफॉरेस्ट्री, यू.एस.ए.
8. स्वास्थ्य संवर्धन प्रशिक्षण कोर्स-इण्डियन रेड क्रॉस सोसायटी, नई दिल्ली
9. विज्ञापन व जनसम्पर्क में डिप्लोमा-चेन्नई

पुरस्कार

- Certificate of appreciation from royal common health society, retain 2018.
- Agro forestry destination award 2015
- DD updadhayey educational prize by uttarakhand Govt. 2008
- International leadership Award, 2019
- Bharat Gaurav Award, 2019
- ग्लोबल लीडरशीप अवार्ड (2019)-नेपाल के प्रधानमंत्री द्वारा
- भारत गौरव अवार्ड (2019)-केंद्रीय इस्पात मंत्री, भारत सरकार द्वारा

अकादमिक

सदस्य- सलाहकार बोर्ड, बिहार परिदर्शय (रिसर्च जर्नल)

सम्पादक – जयराम संदेश, क्रिमिनल इन्वेस्टीगेशन
विशेष संवाददाता - रेडलाइट (समाचार)
सम्पादक - वर्ल्ड रिसर्च, रिसर्च एडवांस
सम्पादक - लघु उद्योग समाचार (मासिक), भारत सरकार
सम्पादक - IRA Press, Institute of Research Advances चण्डीगढ़
सदस्य - ग्लोबल इकनॉमिक रिव्यू

10
अकादमिक

<u>विभिन्न पदों पर कार्य</u>

1. प्रवक्ता (अर्थशास्त्र), शिक्षा विभाग, उत्तराखण्ड सरकार
2. रिसर्च एसोसिएट, केंद्रीय शिक्षण प्रशिक्षण संस्थान, देहरादून
3. रिसोर्स पर्सन, भारतीय प्रतिभूति एवं विनियम बोर्ड, सेबी, नई दिल्ली
4. विशेष अधिकारी, वन्य जीव अपराध नियंत्रण ब्यूरो, पर्यावरण मंत्रालय, भारत सरकार
5. अनुसंधान अधिकारी, अनुचिंतन फाउण्डेशन, बिहार
6. परामर्शदाता, एशियाई विकास बैंक
7. राष्ट्रीय सदस्य-अन्तर्राष्ट्रीय शिक्षा संघ, जिनेवा
8. विशेषज्ञ- कृषि पर सलाहकार समिति (दक्षिण पूर्वी एशिया) National Institute of food & Agriculture USDA.
9. फैलो- रूरल हेल्थ सोसायटी, कोलकाता
10. जज- रॉयल कॉमनवेल्थ सोसायटी द्वारा आयोजित प्रतियोगिता में
11. सदस्य – भारतीय गुणवत्ता परिषद
12. वैज्ञानिक सदस्य – जलवायु परिवर्तन पर कॉन्फ्रेंस, मलेशिया 2019
13. अम्बेसडर – इकोलॉजिक डेवलपमेंट फण्ड
14. सम्पादक – रिसर्च एडवांस
15. रिसोर्स पर्सन – National Centre for Financial Education. (NCFE)
16. क्षेत्रीय समन्वयक –Eduheal
17. क्षेत्रीय समन्वयक – मानवाधिकार परिषद

11

विभिन्न दायित्व

<u>सदस्यता</u>

1. Non fiction writer Association of UK.
2. National member- UNESCO,-International Centre for Technical & Vocational & Training.
3. Executive member – GFRAS-consortium in exteirsion education & training
4. Senior member- International Economics Development Research Centre (IEDRC) हांगकांग
5. Society for Experimental Finance (SEF) Asia
6. Network of Royal Common wealth Society RCS
7. Uttar Pradesh Athelete Association.
8. International Public Policy Association (IPPA)
9. Indian Institute of Public Administration, New Delhi
10. Peta
11. World economic Association.
12. Indian economic Association
13. Rethinking Economics
14. International society of Agrometery (IWSAM)
15. Indian Sociological society.
16. Indian Physics Association.
17. International Association for cross cultural Psyclwogy.
18. Coalition for the International criminal courts.
19. International Eco-tourism society.
20. Soil conservation society

21. Indian water foundation
22. International society for environmental information science.
23. Natural hygiene society.
24. Echoing green
25. Association for environmental & social issue
26. World poets society.
27. International scientific society.
28. World association of young scientist.
29. World community grid.
30. International geospatial society.
31. South Asia Network of economic research institute.
32. Fresh water action (FAN)
33. Marine Foundation.
34. Society rennovatione
35. World youth alliance

अभूतपूर्व कार्य

1. राष्ट्रीय स्तर पर जलराशियों व नदियों के क्षेत्र का डाटाबेस लागू करवाना।
2. अंतर्राष्ट्रीय स्तर पर विश्व अंतरिक्ष परिषद की स्थापना।
3. वैश्विक स्तर पर समन्वित विकास योजना बनाना।
4. साहित्य में सूक्ष्मवाद के प्रवेता
5. शाश्वत अर्थशास्त्र के रचयिता।
6. कला में निरदोजी के जनक।
7. नई दुनिया की नई व्यवस्था पर कार्य।
8. चंद्रमा पर मानवीय अधिवास के लिए योजना।